徐志摩

一首未完的诗

孙　琳◎著

中国言实出版社

图书在版编目（CIP）数据

徐志摩：一首未完的诗 / 孙琳著. —北京：中国言实出版社，2015. 9

ISBN 978-7-5171-1340-9

Ⅰ. ①徐… Ⅱ. ①孙… Ⅲ. ①徐志摩（1896～1931）—传记 Ⅳ. ①K825. 6

中国版本图书馆 CIP 数据核字（2015）第 095192 号

责任编辑：郭江妮

出版发行 中国言实出版社

地　址：北京市朝阳区北苑路 180 号加利大厦 5 号楼 105 室

邮　编：100101

编辑部：北京市西城区百万庄大街甲 16 号五层

邮　编：100037

电　话：64924853（总编室）　64924716（发行部）

网　址：www. zgyscbs. cn

E-mail：zgyscbs@263. net

经　　销 新华书店

印　　刷 北京毅峰迅捷印刷有限公司

版　　次 2020 年 9 月第 2 版　2024 年 1 月第 2 次印刷

规　　格 880 毫米×1230 毫米　1/32　8. 75 印张

字　　数 192 千字

定　　价 46. 00 元　ISBN 978-7-5171-1340-9

前 言

那道雨后彩虹挂在天际，俯视着江南湖边的静影随风摇曳，烟水迷离，青苔依附在小院的石板路和河崖上，那纵横交错的河道湖水，隐没在微淡晨光中的老屋，以及劳作在田间的老农……这些都是徐志摩视线里的乡情。它就如同电影镜头一样的交替闪现，伴随着江南的梅雨湿润了一卷卷的荷风清香，一格一格地凸显、凝固，逐渐变蓝变模糊。

“神秘的幽香”是在莲荷盛开的季节里的浮动，一如浪漫的吟诵的理想、歌唱的爱情。也许，诗人的名字只是一个生命的符号，而徐志摩却用生命谱写了爱情，成就了诗歌。

“谈话是诗，举动是诗，毕生行径都是诗。”这是在徐志摩坠机离世后，蔡元培写给他的挽联的内容。是的，诗人用尽一生都在谱写的就是他那淋漓尽致的诗意人生。

此刻，徐志摩站在故乡青石小巷的转角处，撑起一柄黄色的油纸伞，倾听着雨打伞篷的声音，想着那低过屋檐的老去的光阴以及光阴里的故事。微凉的时光，早已把一场远去的往事掩埋。在逝去的时空深处，铅华洗尽，明净清绝……只有诗歌，从离愁和相思中跋涉出来，披着华丽盛装的灵魂，轻轻地走来。

“新月为鉴，它若流泪，我的心里一片苦海。”徐志摩坚信理想的生命必须有爱、自由和美，他的理想主义是带有悲剧色彩的，也注定了追寻之路的失败，但他的勇敢和梦想令人称道。与一生最重要的两个女人的爱情故事甜蜜又苦涩，与林徽因在康桥的绝恋，好似天上之云来了又散了；与陆小曼的恋爱更像戏剧，爱过也恨过。在这条坎坷的爱情之路上，犹如燃烧火焰那样的赤诚如血，却走着重重叠叠的路，它就像一片树叶的纹脉，在风风雨雨中，履行着生命的奇迹。

月隐半山，流年安祥，可流泪的心为何沉船苦海？虽然穿过江南湖边山石草木茂盛的湿润的小路，走过卿卿我我的爱恋，那曾经许过地老天荒的康桥，仍在细雨中伫立，而诗人却在追寻理想的爱恋中，越发地清瘦单薄。《翡冷翠的一夜》那直抒胸臆的灵感，衬着诗人的笔下跳出一首首送给陆小曼的历久弥新的墨香，至今咏诵依然口齿生香。

“玉宇无尘，明月若镜。”八千里路云和月，经历了风风雨雨。故乡的青梅茶，还是那样的醇香，诗人远走了不会再来。想起诗人的生命故事，沿着曲径去那棵开满黄色小花的桂树下，看那枚挂在树梢上的月，也许就是那昨天的河水里清洗美妙的诗句……窗外，虚光泛影；窗内，神思逸游。

诗人给自己的诗歌艺术插上了飞翔的翅膀。

目　录

第一卷 期待那道雨后彩虹

雨后不一定都会出现彩虹，那是因为彩虹是天空的奇迹；人不一定都能成为诗星，那是因为诗星是人间的奇迹。

一代诗星徐志摩短暂的一生，就像一道彩虹，“横彩分长汉，倒色媚清渠”。他潇洒地从天空的这一端跨到那一端，“逸照含良玉，神花藻瑞金”。

而他彩虹下的笔，在故乡纵横交错的湖水河水的世界里，荡漾成了不安分的诗灵。

彩虹初现

徐志摩生于 1897 年 1 月 15 日。

因为和徐申如相似，让人十分喜爱。他犹如彩虹初现，重生的小苗之芽，这或许是他聪慧、大智，将会成为襟袖飘荡、面如冠玉、玉树临风、风流潇洒的一代诗星的预兆？

三毛有句歌词："不要问我从哪里来……"其实，人来到世上，都是匆匆过客。有些人才华横溢，事业有成；有些人则碌碌无为，平淡一生。"池塘生春晖，草色近看无"，羽化成仙的飘逸也好，平淡无味的活着也罢，当回眸过往的那一刻，也就明白了人生的精妙之所在。

千帆过尽，徐志摩像那道急于归去的彩虹，在故乡开窗见河、出门过桥的小镇上，轻踏而行。远近的晨钟暮鼓，塔尖的风铃，布满苍苔的幽径，江枫渔火，鸣唱的夜莺，此中的真意，景致的清新，点燃了他不曾有过的灵感、智慧的火花，更点亮了寂寞的诗园和尘封的文坛。于是，还是少年的他，笔下就诞生了那篇散文《雨后彩虹》，那是百鸟朝凤，还是长亭相送？

一窗相隔的相思，咫尺天涯路。

徐志摩从少年时代起，为那一道初现的彩虹，闪现的创作激情，奇幻炫目而醉心。从此，诗卷不及朝云暮雨的滋润，只求在一池碧水旁，闻荷莲和茉莉的清香，翕动着诗灵的翅膀，远离红尘。

出生在浙江海宁县（今海宁市）硖石镇的他，如同彩桥横空，五彩缤纷地挂在广袤湛蓝的天空，完成了彩虹是云的奇迹。也许因为唐朝诗人白居易游览到此，在这样一个开窗见河、出门过桥的水乡闹市，近千年后的民国也奇迹般地诞生了。

徐志摩出身富商世家，其祖父徐星匏，略通文墨，工于书法。到了徐志摩父亲徐申如这一辈，继承并恢廓祖业，除在本镇经营旧式的徐裕丰酱园、裕通钱庄、人和绸布号等外，还创办了蚕丝厂、布厂、硖石电灯厂，更开办了双山习艺所。徐申如并在浙江和上海的金融实业界，参与了一些事业，拥有相当的地位。他任硖石商会会长，并在“十里洋场”的上海开办了票庄银号。徐申如思想开放，头脑灵活，又附庸风雅，喜交名流。这样的家庭背景，注定了徐志摩要沿袭前辈的睿智、儒雅，使得他在保宁坊那座四进院的楼房里，在矛盾和渗透中，成长得玉树临风。

徐家虽富甲一方，然而自从永乐以来，却没有人写过一行可供传诵的诗句，应以他们家谱为证。24岁前，徐志摩受家庭的影响，对相对论或民约论非常感兴趣，他的理想是做一名中国的“汉密尔顿”，对于诗歌，他并不热衷。彼时，他的名字只跟财富有关，爷爷徐星匏按族谱排列之序，给他取名章垿，意为遵循礼仪；取字槱森，意为财源茂盛；小名又申，“槱森”即“又申”的谐音，这只是从字面上看起来文雅些。徐志摩周岁那年，志恢和尚给他摸骨算命解释为："此子将来必成大器。"其父徐申如根据这一摩顶祝福的预言，在赴美之前，给儿子改名志摩。可见，这个名字是父辈的梦之寄托。

只是，事常与愿违。

为若干年后，徐志摩没有成为父亲殷切期望的金融实业家，却成为了中国现代文学史上的杰出诗人、作家。

独坐幽篁，采菊东篱。

在诗歌里，徐志摩看见了自己的江山，他真正体悟到了人生的华丽深邃。

"当一个人沉醉在一个幻想之中，他就会把这幻想成模糊的情味，当作真实的酒。"就这样徐志摩沉醉在浩瀚的诗情里了。他"作别西天的云彩"，以斐然才情等待着那一轮新月的升起。

故乡光阴

浙江海宁县的徐宅，在纵横交错的湖河深处静静地伫立，古朴宁静，袅袅升腾的炊烟割断了恍惚的记忆，飘散着氤氲潮湿的只有江南才有的气息。

幼小的徐志摩踏着青石板铺就的长巷，做着自己的梦，年幼的他，还不知自己只是小镇的过客，只晓得在黛瓦白墙下玩耍。由于是独子，备受父母疼爱，甚至不知冷暖交替的滋味：很多时候，他或独坐在绿苔滋长的木窗下，看窗外池塘莲开的倩影和飞翔的鸟儿，倾听着行人的或急促或悠闲的脚步声，背诵先生教的古文；或在春天草木葱茏之时，蹲在柔软的灯芯草丛里，看彩蝶飞临盛开的茉莉花上，细小的柔情与感动潜入心底，他真想停留在这美好的时光里，哪也不去。

童年的故乡光阴，在深深的庭院里，飘荡着淡淡的烟火。

在烟火里有亲人醇厚的爱，那种爱，陪伴了徐志摩整整一个年少时光。

故乡在光阴里渐渐地老去，年少的徐志摩却不停地成长。

夏夜，朦胧的月光笼罩着徐宅深深的庭院，清风拂过，树影婆娑，清凉爽快，小志摩常和比他大两岁的表兄沈叔薇一起，围在祖母身旁，听她讲民间故事。这些故事在他心底酝酿，像池塘里的荷花飘来的清香，招招摇摇地溢满心田。在他经历世事的迷茫、混沌、孤独、彻悟，成了诗人之后，祖母的爱，依然如影随形，成为他灵魂的出发点。甚至，在他触摸到生命温软的伤痛和悲酸时，也慢慢地明白了，任何起点都会通向某个终点，沿着时空的历程回溯到终极。祖母柔软的手抚摸白嫩的脸颊的感觉，温暖而令他陶醉；那手里的一个蜜枣和几片状元糕，更是叫他沉醉在甜蜜温暖的亲情里。躲在祖母的怀抱里，他渴望着去经历世上的繁华和喧嚣，就像故乡田野里被微风浮动的麦浪，和西楼前那株桃树上绽开的花骨朵一样生机勃勃。

1917 年，祖母离他故去，26 岁的徐志摩深情地写下了万字长文《我的祖母之死》，回忆自己小时候深受祖母宠爱的情景。他说：“她爱我宠我的深情，更不是文字所能描写；她那深厚的慈荫，真是无所不包，无所不蔽。但她的身心即使劳碌了一生，她的报酬却在灵魂无上的平安；她的安慰就在她的儿女孙曾，只要我们能够步她的前例，各尽天定的责任，她在冥冥之中也就永远地微笑了……”

古朴灵性的深深庭院，带着潮湿的江南情韵，飞掠过黛瓦白墙，将冷暖交替的光阴遗落在那老旧的木楼上，几度春寒秋雁南飞？

生命繁盛，岁月无边，故乡的光阴轻轻地走过，徐宅老屋始终是他梦里的故园。百年沧桑，岁月变迁，多少人事早已面目全非，不曾更改的始终是老宅所留存的旧日情怀。时光仿佛还停留在昨天，然而却真的好遥远。

人生短促，数十载的光阴如何度过？从徐志摩来到世间的第一声啼哭开始，他的人生就拉开了大幕，他演绎的故事，就会附上凡庸、绚丽、平淡、起伏、欢欣、悲苦等色彩，与生命温暖相拥着等待一场盛大的姹紫嫣红的花事，在阳光下筑梦，守着一段冷暖交织的光阴慢慢变老。

在故乡的光阴里，对父亲，徐志摩十分敬重；对贤淑平和他的母亲，他则始终充满了深情，充满了快乐和情趣。

时间无声地穿梭，就像亲人给他留下的细微的呼吸和肌肤的气息，早已渗透到他的血液里，这是深刻的抚慰。当他跟着家人到东山、西山的寺庙去玩捉迷藏，躲进神龛里，他感受到了神祇的威严，当闻到空气中草木花香的甜腻味道，拿着捡回的石头，缠着大人雕刻各种玩意儿的时候，他的快乐使血管里的液体“激越”；逢年过节，他与同伴到西寺赶庙会，那套圈后的手舞足蹈，随口唱出的顺溜又诙谐的歌词，使他流连忘返；挤在人群里看变戏法和各种魔术，乐得他捧腹大笑；卖糖人糖马的塑造的栩栩如生的造型，让他垂涎欲滴……而这些他所看到的算命的、卖唱的、烧香的……以及做各种小生意的，集体为他拼凑出了一个个令人眼花缭乱的如同万花筒般的鲜活世界，这对于他日后的世界观有很大的影响。

徐家窗外的河水汩汩流淌，清润湿碧，像一位于耕织之余，袖手而吟、寂寞清清的女子，跟着岸边所有的人家一起，枕河而卧，藏起半弯新月，久久不肯入眠。那一叶叶的小舟飞流直下，小志摩趴在窗口上，看着流淌的河水和碧蓝的天空，飞扬的遐思就这样给他插上了诗意的翅膀。

碧水沉沉，荡去晨烟暮霭，静睡得宛如处子。大自然像个老师，把勃勃生机渗透给徐志摩：蚂蚁忙忙碌碌地搬运东西，小猫、小狗、小鸡一起欢蹦乱跳；水中鱼儿游来游去，天上的飞鸟煽动着翅膀，就连塔院的钟声和着鸟鸣也会让他思绪万千。

徐家老宅的光阴，在徐志摩幼小的心灵里注入了一脉幽深浓挚的深情，塑造了徐志摩温柔诚挚的性情，也养成了他单纯和放任的性格，正如美国乡村音乐里唱的那样“成长如微风”。如同光阴的韵脚，轻柔地、软软地和日子脉络相连。

故乡的光阴，随着时间的流逝，在徐志摩的身后，蜷曲成了一个逝去的梦。

才俊少年

窗外，蓝色的天空不时移动着洁白的云朵，被风吹得急速离去，天空更加蔚蓝。庭院里，鲜花盛开，树木馥郁，徐志摩抱着几卷书匆匆走过，满院的芬芳不曾让他驻足，是从前的明月素影、翠冷红衰让他心有失落吗？就像踽踽行走在红尘陌上，即使肩上的背囊被人间故事填满，而内心却已空落。

好在曙光总会照常升起，那一瞬间的感动，远隔千山万水，一脉书香，不绝如缕。

徐志摩喜欢故乡的小巷，青石板路，一株桃树，一片水域，一只鸣叫着的鸟，以及父老乡亲们的吴侬软语，在岁月的雾岚里，缀结成珍珠项链，穿越苍老的时光，阅读深邃的时间远去的故事。

徐家的佣人家麟，掌管着徐家的菜园和后花园，勤劳、善良、多才多艺。儿时的徐志摩常跟着家麟去园子玩，看家麟干活，模仿家麟拔草和浇水，在花园里，家麟耐心地教他辨别种种花名、花性，还绘声绘色地给他讲花的故事。徐志摩曾说，孩童时所听来的有趣的知识，都是家麟教给他的。他启发了小志摩的灵性之光。

家麟讲故事绘声绘色，民间故事里的人物，在他的口中总是栩栩如生，这不禁让徐志摩千般想象万般遐思。夏天的夜晚，徐志摩吃过晚饭就跑去听他的《说岳全传》，听的激动处，又是笑，又是哭，又是着急跺脚。然后他会把听来的故事讲给周围的伙伴听。

徐志摩还常常听家麟唱赞神歌。歌声如余音绕梁，暖天细雨，滋润着他稚嫩的心田，以至于他常在美妙歌声中靠在妈妈身上甜甜睡去。到第二天醒来时，耳边还回荡着家麟那圆圆的甜甜的嗓音。家麟死后，徐志摩以他为原型，写了一篇朴实动人的小说《家德》，以表纪念。

如梦江南，给了一代诗人徐志摩智慧和学识，当他背着书包，行走在杨柳依依的堤上，吟诵着唐诗宋词绝美的句子，他的心，就像摆渡至那道烟花纷飞的岸上。原本淡然超脱的心性，开始有了梦和向往，或许他真是带着使命来到人间的。无论是否愿意，他都得找一个角落安置灵魂，来证实自己的存在。他甚至不愿意此生就在属于自己的狭小世界里，守着简单的安稳与幸福，不惊不扰地过一生。他要在纷扰的世俗中，用起伏跌宕来演绎自己不平凡的一生。

不付流年，胸罗万象，登高啸咏，也许是最适合徐志摩的生活方式。

他才不管什么人是人间过客之说，他雄心勃勃地设计自己的人生，信心十足地漫步在红尘烟火里。在茫茫世海里追逐，看几场春日芳菲，等几度新月变圆。

夜晚，风徐徐吹来，照在灯下苦读的徐志摩那稚嫩的脸庞，他复习完私塾先生孙荫轩讲授的文章，又去认真看第二天的课程。父亲徐申如捋着胡须，站在外面看着灯下用功的儿子，听着先生褒奖儿子的话语，美得喜不自禁。

徐志摩先后跟着孙荫轩和查桐轸度过了整整7年的家塾生活。先生摇头晃脑地“之乎者也”，让徐志摩心生倦烦，他无心拉长音调去读“黄鸟黄鸟”“文星高照”“状元及第”，他走神儿了，先是呆呆地望着窗外的蓝天白云；接着做个鬼脸儿，或偷偷地戳一下同伴，或学几声猫叫。先生见他不规规矩矩地听课，两只圆圆的金丝眼镜片后面，刷地射过来两道寒光，手中那把楠木戒尺“啪”的一下猛击书桌。看着那宽宽的极富弹性的戒尺，调皮捣蛋、活泼好动的小志摩很识时务地吐了下舌头，安安静静地听课了。然而先生却没有放过他，罚他起立背诵文章，他站起来挺直了小腰板，有腔有调地背下来，他的博闻强记让先生转怒为喜，称赞他“初学聪明超侪辈”，并断定他前程远大。

是谁说过灵感不是风吹来的幻想？

就像那一道七彩祥云在洁白如雪的天空搭成的彩桥，也是云水大气积聚的特殊现象一样，徐志摩日后能够学贯中西成为一代诗坛大家，跟他小时候的苦读不无关系。此后，徐志摩又跟着本事高强满腹经纶的查桐轸先生苦学了六年古文，奠定了深厚的文学功底。紧接着，又进入硖石镇开办的第一所新式学堂，学习国学、英文、数学、自然、修身、体育等。奇妙的知识深深地吸引了他，很快他就脱颖而出，各门成绩全班第一，国文成绩尤为出类拔萃。

毕业那年，他写的《论哥舒翰潼关之败》一文为老师叫绝。他在散文《雨后虹》中提到，大部分生命的觉悟，只是耳目的觉悟；而当他戴上眼镜，仰头一望，哇！好一个伟大蓝净不相熟的天，张着几千只闪烁的神眼，一直穿透他戴着眼镜的眼睛，直贯他灵府的深处。他不禁大声叫道：“好天，今天才规复我眼睛的权利！”多年后，他又大声叫道：“好天，今日才知道使用我生命的权利！”

徐志摩自信地穿过故乡的青石板小巷，离开家进入杭州府中学堂读书，他的学习成绩始终居年级榜首。后来他当上了级长，被同学们誉为“两脚书橱”，就连同学郁达夫也佩服他。

当雨后的天空又出现了那道耀眼的彩虹，这位才俊少年早已迎着魏晋之风，披一身唐宋的月光，朝着文学艺术的万里长城奔去。他血管里诗人的血液沸腾着，他骨子里浓郁的诗味，在悠悠古韵的青石小巷、惆怅烟雨、转角长廊中，淡淡回风。

那一年秋雨绵绵，辛亥革命爆发，杭州府中停办，徐志摩休学在家。郁闷中读报上消息，那民主、自由、博爱的新思潮，如同巨浪迎面扑来，他惊喜地崇拜着戊戌维新变法的代表人物梁启超，深深为他的个人魅力所倾倒。

青春不悔

彩虹般的憧憬，已在少年徐志摩的血管里积累了许多年，那梦幻离唐宋很远，却离现实很近，他的落拓和纯真，隐藏在浅浅的笑容里；他的追求和爱恋却在大显身手。

春天的晨晓，徐志摩信步走在复办的杭州府中霞光掩映的幽径上，感觉那首浸染千万年圣贤之气的采薇歌，在花开花谢中，摇曳着民族袅袅飘升的炊烟；迎着暮色低垂的落日，他的理想却盘旋在蔚蓝的天空上；在皎洁明月升起的充满太多夸张、想象、意境的夜晚，那画面的张力和他的才华不断地碰撞迸发出智慧的火花。

遗憾的是重去读书，他没有看到和他结下了终生不渝情谊的郁达夫。他听说，郁达夫跟着兄长去了日本。两位中国现代文学史上杰出的作家，半年同窗后，却是漫长的离别。

回校不久，才华横溢的徐志摩灵感泉涌，第一期校刊《友声》发表了他的第一篇论文《论小说与社会之关系》，并引起了轰动。这是一篇追随效仿梁启超的文章，表明他改良社会和经世强民的心声。之后，他又在《友声》第二期上发表了《镭锭与地球之历史》，介绍了当时国外科学家才发现不久的镭。

此后，徐志摩才名远扬。他这颗熠熠生辉的金子被到府中视察的浙江都督朱瑞的秘书张嘉璈发现，于是，一场不太美满的姻缘，在一声细如微风的叹息中，悄悄地来临。从此，才子徐志摩走进了天长日久的无梦岁月中去。

说起来，这也是天意弄人。张嘉璈在察看学生的作文考卷时，无意中发现了一份优秀的考卷。字迹劲秀洒脱，文章意气纵横。慧眼识珠的张嘉璈对作者赞不绝口，婉转打听后，方知作者是硖石商会会长徐申如的独生子徐志摩，爱才惜才的他便做出了让其与尚待字闺中的妹妹张幼仪联姻的决定。

张幼仪虽不是风华绝代，但相貌端庄，举止文雅，秀外慧中，且几位哥哥均属社会名流，家世自是显赫。徐申如自然是求之不得。很快，徐志摩和张幼仪定了婚，那一年，徐志摩只有16岁，张幼仪才13岁。

徐志摩并没有看上张幼仪，面对她的照片，他把嘴角往下一撇，用嫌弃的口吻说："乡下土包子。"他心中理想的佳人什么模样？在无奈接受家人为他选择的姻缘后，面对旧式的中国女子张幼仪这样的未婚妻，他心里的浪漫再也书写不出来。暗夜，他无聊地走在江南长长的青石板小巷里，心被清风包裹起来，这里，是他生命的来源，就像前面的灯火和街巷，延伸着家族的生命和烟火，血液里升起来一阵悲哀。他多想变成一只鸟，逃离这场世俗的婚姻。

很快，在1915年10月29日，徐志摩与张幼仪举行了一场盛大的婚礼，那是一场中西合璧的时髦婚礼。刚入学北大预科不久的徐志摩赶回家，西装革履地挽着身披洁白婚纱的新娘张幼仪，接受证婚人的证婚。此后，他们便开始了短暂的但是还算融洽的婚姻生活。婚后，经张君劢介绍，徐志摩转入上海浸信会学院（即沪江大学前身），在这里，他每逢周末可以回家看望新婚的妻子。1916年秋，徐志摩考入天津北洋大学法科预科。第二年，因北洋大学法科并入北大，他成了北大学生。

从此，徐志摩的才华有了更广阔的施展天地。

"山光水色青与蓝""登高壮观天地间"。在人生路上苦苦跋涉的徐志摩，推开江南自家的窗户，眺望的眼睛倏然一亮，外面那一派豁朗畅达的天地，令他无限向往。

19岁那年，徐志摩的生活里，发生了两件喜事。第一件是张幼仪为徐志摩生下了一个男孩，取名积锴，乳名阿欢。徐家举家欢乐，他也充满了初为人父的喜悦；第二件就是他得偿所愿，经蒋百里引荐、妻兄张君劢介绍，正式拜师梁启超，成为一代宗师的新弟子。徐申如深知梁启超不是普通的学者，为独生儿子的前程，他毫不犹豫地拿出1000大洋作为拜师的贽礼。拜师行礼那天，梁启超见徐志摩眉宇清雅，问答之间透露出聪颖之气，十分喜欢，于是建议徐志摩到国外留学，为将来立身报国作准备。得恩师点拨，徐志摩立即南归和父亲商量自费留学的事情，当然徐申如没有理由不同意，而与徐志摩聚少离多的张幼仪开始为他打点行装，从此，她踏上了漫漫相思路。

第二卷 远涉重洋求有为

生命是一束纯净的火焰，美丽和骄傲相对于岁月固定的方向，所有飞翔的梦想，起伏于波涛一样的思绪之中。

谁的内心的太阳炽热得光芒万丈，映照的那道彩虹无比的绚丽？

在那个荷莲盛开、碧绿馥郁的夏天，徐志摩踌躇满志地踏上去美国自费留学的南京号客轮，去完成“天高任鸟飞”的志愿。迎着轻抚的夏风，站在甲板上，看着被太阳映照得波光粼粼的大海，他闻到了潮润的空间里氤氲着恒久的知识的香味。在海天一色中，他激情满怀，思绪万千。望着与他同行的汪精卫、朱家骅、李济之、张海歆、查良钊、刘叔和等一批日后在中国现代史上颇有影响的人物，暗暗下定决心“书卷多情似故人，晨昏忧乐每相亲”。他要站在历史的前面，让故乡的光阴从名字上流过，以不变的姿态，“叫醒”棘刺和热血，走完共守的苍茫。

漫漫求学路

也许，是汹涌的波涛给了他灵感；是飞翔的海燕给了他激情。

青年才俊徐志摩不可能不顺应时代，不可能溺于安静、幸福的生活，更不可能枉自蹉跎流光。

时光的高处，风淡云轻。

船舱里，徐志摩徜徉于中华图强的澎湃的激情里，心窗荡涤着烛火与星月，那是故乡大地千山万水中流淌的记忆，是亿万人民代代相传的香火，源远流长。情思所致，他拿起手中的笔，撰写了《启行赴美分致亲友文》一文，文字大气磅礴，热情洋溢，书写了游子的爱国情怀和图强复兴之决心。

正是青春鼎盛之年华的徐志摩，怎敢挥霍光阴一醉求欢？他放弃安乐的生活，远离父母妻儿，不辞劳苦地跑到五万里之外的异域他乡，去赶赴彼岸的一场知识盛宴，为的是“国难方兴，忧心如捣，室如县磬，野无青草”的民族复兴。不需要任何仪式，他早已看到积弱积贫的祖国枯寂的大地上伸出的生命之手，向着天空托举一个振兴的呐喊；听到了来自江南水乡父老乡亲的呼唤，面对如此惊心动魄的呐喊和呼唤，徐志摩早已热血沸腾，难道青年不该成为国家的珍宝和栋梁、国家振兴和繁荣的希望吗？

从登上渡轮渡海求学那一刻起，徐志摩就没有停止过思考，在回眸的那一刻，他看到了戊戌变法后，渡海求学的热血青年，无不握拳呼天，爱国热忱比脚下海浪还要热烈。可等他们学成归国后，置身国政、实业、或者投闲置散，却被名利蒙蔽，荒废了学识。徐志摩说过“有志之士，应该急起直追，而不能徘徊因循，效法韩安之狙，等待穷途日暮后再夺博浪之椎。青年爱国者应该读书至于感怀国难，决然远迈，浮海而东，慨然以天下为己任”。

想到这些，徐志摩无比担忧，而他的一腔赤子之心，已奋起至忘我之境地，坚硬如铁。

他感到了那汹涌的浪涛迎面而来，数十只海燕在海面上空盘旋，翅膀的影子在他年轻的脸上一一掠过。他仿佛看见了开窗见河、出门见桥的家乡小镇的土地上，草木馥郁，风藏在树冠里，歌谣一样不期而至。晚霞映照下，男人在河里洗澡，女人在岸边浣纱、淘米。那勃勃的生机令他感到奇特和刺激，就像一个隐患埋在他的心里，让他寝食难安。

遗憾往往无可挽回，风的步子，低到太阳脚跟上，季节把所有的语言，都放在绽开的花朵里。最终，徐志摩为自己独特的生命体验和爱国理念，找到了独特的情致和隽永的韵味以及精致的表达，他宏观的描摹和整体的写意，让海外求学之路，有了目标，让我们看到了他海外生活记忆里的物事，有了生命的温度和质感。

1918年夏末，徐志摩从上海出发，取道横滨檀香山，经过21天的海上生活，于9月4日抵达旧金山。接着，他又横跨美国大陆，经芝加哥、纽约等城，最后到达马萨诸塞州的克拉克大学，就读于历史系三年级。

岁月总是不动声色地演绎着人世的沧桑与离合。

徐志摩在美国的克拉克大学的学习开始了，他看到了一个新的世界、新的人物，获取新的知识，面临新的生活环境。在遥远而陌生的异国大陆，徐志摩在领略太平洋彼岸自然风光和建筑艺术的华丽同时，真切地感受到世界的广袤无垠。异国风情用那些无以言说的美丽彻底征服了他，他的心灵受到了震撼，惊叹造物主是何等的神奇，可以将自然山水装扮得那般圣洁和至美。

他的心境是怎样的呢？

初到美国，什么都是新鲜的，他给自己起的英文名字是汉密尔顿·徐，意在景仰美国伟大的政治家、联邦党领袖、美国建国后第一任财政部长汉密尔顿。可见，他的个人志向和父亲的愿望是一样的。

为不负亲人的期望，实践自己在《启行赴美分致亲友文》中的誓言和磨练自己的意志，意气风发的徐志摩投入到了留学学习生活中。

不论是上午课后还是傍晚，在克拉克大学校园的小径上，总能看见一位高旷豁达的华人男子，腋下夹着书本，目不斜视，匆匆而过。看见有人迎面过来，他风摆阔袖，谦谦揖首，款款一笑。

夜晚，他捧着书本若有所思，或和同学把酒临风，共论古今，一抒情怀。

他忘情地执著于学业，他觉得事业的成就比任何事情都重要。他每天的所思所想，英锐透辟，是有生以来从未有过的。

异域的学习生活，是他新的人生历程。他安静地坐在时光里，守着一份豪情，一份自信，向着知识的高峰攀登。

那个没有月亮的夜晚，徐志摩伏身书案，烛光照壁，信手打开了梁启超的《意大利三杰传》，如饥似渴地读着，直到身体里的热血沸腾起来。他站起身来，目光穿过窗棂，忘情地举目天空，正好看见月亮从厚重的云层里露出脸庞，明晃晃的，清辉落地，幽远深邃。踽踽独行，岁月如梦，此刻江南的那轮月，也是如此明媚靓丽吗？

长久以来，他的英雄情结，总是独影徘徊，在有生命的月下，叱咤风云，金戈铁马，顶天立地。凡夫俗子只有仰望钦佩之情，不管时空、距离、朝代和古今，英雄都是命里注定。就像大海有起有落的潮汛，在收编浪花的水岸，寻找昨天和今天的倒影。捧着梁启超的文章，徐志摩心绪难平，他把眺望的目光和至诚情感，搭建成草巢，栖息在江南故乡的一棵盛开着梅花的树桠上，下定了决心，在这个沧海横流的世界，宣传良知学说。他的生命的丰饶蕴藏在永远的追求中，崇尚着梅花那清冷纯洁的盛开和凋零。不折节，不走极端，以国家为先，成就事业。

先天下之忧而忧，后天下之乐而乐。

走在克拉克大学校园里的幽深甬道上的徐志摩，看见茂密馥郁的植被和灿烂的阳光，想起积贫积弱的祖国，一种责任感悠然而生。这是情操、品格和心性之寄托。

徐志摩决定发愤图强了，他前面的路，任重道远。

阮元曾经说过："立志宜思真品格，读书须尽苦功夫。"

意气方新的徐志摩在异国他乡刻苦学习，只用三个学期就完成涉及政治、经济、外交、社会、心理、语言等领域的所有课程。此外，他曾到康乃尔大学夏令班修了四个学分。1919 年 6 月，23 岁的徐志摩，以优异的成绩毕业于克拉克大学，并获该校一等荣誉奖。同年 9 月，徐志摩考入哥伦比亚大学经济系修硕士学位，倾心于政治、劳工、民主、文明等问题的研究。

徐志摩时时刻刻记着自己肩上的责任，梦里梦外，从他苦读的眼神里看到了空前高涨的政治热情，他要伸出手去，关注祖国的民生问题。1920 年 9 月，徐志摩获哥伦比亚大学经济学硕士学位，学位论文题目为《论中国的妇女地位》。

他用细致的眼睛和细致的心灵去观察时代风云，就像风会从生活和承载生活的土地吹来的神奇种子一样，积累知识和情感，发酵爱国情怀。他和吴宓等中国留学生一样，急迫地阅读、研究和吸收一切西方的新知识，广泛涉猎西方的每一种思想、学说和主义，被留学生们称为"布尔什维克"。至始多年后，他的"感情之浮"和"思想之杂"，同窗们仍然记忆犹新。

晨光越过窗棂从玻璃外照进来，屋内宁静、温暖，徐志摩的目光从西方的种种思想流派掠过，最后，停留在尼采的哲学和罗素的思想上，他的梦想就像春光摇漾、藤蔓丝缠一样，被重新唤醒。捧着尼采的哲学著作，他"仿佛跟着查拉图斯脱拉登上了哲理的山峰，高空的清气在我的肺里，杂色的人生横亘在我的脚下。"

尼采让年轻的徐志摩有了对抗俗世的浩荡力量，他深情地行走和停顿，在落日即将来临之时，他和幽冥无道的梦想，再次相遇。

轻浅的喜悦和浑厚的思想从来不在同一轨道上。

罗素是英国的哲学家、剑桥大学的教授，世界所瞩目的哲学明星，而对这样一位思想界和知识界的巨人的崇拜和向往，使徐志摩留学生涯发生重大转折，也深深影响了他那短促而不平静的一生。

是谁说过“尼采是徐志摩理想中的罗素，罗素就是他现实中的尼采”？

此刻，英伦彼岸的罗素在向徐志摩招手，纵情任性的他，要去追求他梦寐以求的理想了。

坐地日行八万里，昼与夜交替而行。

徐志摩的脚下已经发出了声响。

离美赴英

有人的血液里天生就流淌着叛逆和不羁，徐志摩就是如此。

在美国的刻苦学习让他快乐，也让他付出了青春的代价，就在他的博士学位唾手可得之时，他做出了惊人之举：离开哥伦比亚大学，赴英追随他景仰的罗素。

也许，他的理想在远方，那里让他的呼吸更加畅快；也许，离去才是他实现抱负最好的选择。

然而，游学英伦，却成了他人生道路上的一大转折，与当初《启行赴美分致亲友文》里告白天下的抱负背道而驰。

“岁月在旋转的韵律中缓慢前行。如若命运安排好我要在天涯，亦无可回避”。或许，徐志摩所选择的道路，是他内心的声音决定的。叛逆的人会永远地远走他乡，做自己想做的事情。而平顺的人却愿意过一种安稳的生活。他从拥有生命的那刻起，就注定要扬帆远航。一旦没入苍茫江海，又何来回转的余地？

徐志摩一脚踏上去英伦的客船的同时，便注定中国少了一个政治经济学家，而多了一个诗人、作家。

生活从来不像想象中那样顺志而行，它往往是残酷和深情交织，绝望和幻觉纠缠。徐志摩怎么也没有想到的是，当他横渡大西洋抵达英国伦敦时，罗素去中国讲学了。使他更没有想到的是，早在1916年第一次世界大战期间，罗素就因为在战时主张和平、积极反战以及异于世俗的离婚事件，被剑桥大学最负盛名的三一学院除名了。

与崇拜的偶像失之交臂，流离英伦的徐志摩感到了一种前所未有的孤独和失落。他的心，进入灵魂深处潜藏的暗涌，孤独的状态让他感觉浑身都是湿漉漉的，仿佛让他穿越时间，抵达了另一处空虚。

当他走在雾霭凄迷的伦敦街道上，孤独的钟声，灰暗的古堡，还有陌生的洋面孔，使得失望和无奈仿佛一块巨石，压在他的心上，并带走了他生命里永恒的期待。热情如火、浪漫任性的徐志摩，在命运的玩笑中第一次体验到了一种冷冽的痛苦。

不久，徐志摩进入伦敦大学政治经济学院，师从著名政治学家拉斯基教授，攻读政治经济学博士。

站在校园门口，他眼含热泪，定睛凝望。这里，是他呼吸的通道，生活的转折吗？温暖和希望在哪里呢？他强烈地思念着故乡的潋滟春阳和家人柔情似水的温暖，他用颤抖的手拿起笔，写了一封家书。

都说生命的体验在远方才会更加强烈，徐志摩已经深刻地体验到了平静和沉着的意义，无限开拓的，其实是我们心的空间。

家书寄走了，日夜盼着家里回信的徐志摩，天天在希望和失望中徘徊，他的眼前，时常出现妻子张幼仪的身影，儿子欢儿都三岁了，恐怕见到他都不会认识。

走在路上的徐志摩，轻轻地蜷缩成寂寞的姿势。

他孤独的灵魂需要倾听。

家书里，他提出了让妻子张幼仪来伦敦团聚，可苦苦等待许久，却始终不见伊人身影。只影孤身之中，脆弱和孤独时时摄住他的心。

徐志摩哪里知道，他擅自离美赴英让父亲徐申如非常生气，甚至震怒，他推开窗户望着眼前的潺潺流淌的河水出神，对远在万里、像被抽离了控制线的风筝一样的儿子除了沉默，别无他法。鞭长莫及，而徐申如不知道的是，此刻两个多月没有收到家书的徐志摩也被孤独淹没，整日徘徊在伦敦的漫天大雾里，他平静怆然的面容，落拓着失意的纹络。

姗姗来迟的家书，终于到了徐申如的手中，当他得知儿子已经开始攻读政治经济学博士后，一颗失望的心才又重燃欢欣。之后，他决定送张幼仪出国和徐志摩团聚。

不记得是谁说过这样的话："不要太努力去找，最好的事情是在最预计不到的时候出现的。"

在一个个雾气散去，阳光明晃晃的日子过去以后，徐志摩开始适应了英伦的生活。渐渐地，他的眼神开始清澈明亮，用挺胸自信的姿势走过喧嚣的街道、昂首伫立的钟楼、闪着明快色彩的古堡、奔驰的马车，轻盈走过的仕女贵妇，还有香水油画；他开始发现，生活中有失意和彷徨，也有太多、太多让他心灵颤动的表象和韵味。他的心，比时间走得更快。他在给父亲的信中说："更有一事为大人所乐闻者，即儿自到伦敦以来，顿觉性灵益发开展，求学兴味益深，庶几有成，其在此乎？儿尤喜与英国名士交接，得益倍蓰，真所谓学不完的聪明。儿过一年始觉一年之过法不妥，以前初到美国，回首从前教育如腐朽，到纽约后，回首第一年如虚度，今复悔去年之未算用，大概下半年又是一种进步之表现，要可喜也。伦敦天气也不十分坏，就是物质方面不及美国远甚，如儿住处尚是煤气灯而非电灯，更无热水管，烧煤而已，然儿安之。”

看此家书，徐申如的心顿时宽了。而这时的徐志摩对流逝掉的时间和往事也已经习惯，他已经不在乎在哪里，碰到谁，以什么样的方式结束，他活跃起来，开始结交留英的中国学生和来英国考察的中国学者。

在一个雾气初散的中午，徐志摩匆匆跑去饭厅，忽然，他看见一个年轻的中国人，他的脸上立刻露出灿烂的笑容，便和身边与他一起离美赴英的刘叔和说：“那不是陈源吗?”

惊诧之后，徐志摩敏感地搜索着对方的信息。他看见，陈源修长的手指，有力地握了一下，然后，放进了裤兜里。傍晚时，他穿过校园小径，再次与陈源相遇。“嗨!”他伸手出去，在异国他乡，握住了同胞陈源那湿润温暖的手，感觉自己仿佛置身于江南故乡沸腾的城市阳光和人群中。后来，徐志摩得知陈源以笔名西滢发表文章，便跟大家一样叫他陈西滢了。不久，他还结识了来英国考察战后欧洲政治的章士钊。

结识了他生命中这两个重要的人物，徐志摩在越来越得心应手的环境里，对生命有了更清晰的理解，也许，生命就是这样，应该是丰盛而有缺陷的。

人生如烟，岁月无痕。或许，缺陷才是灵魂的出口。

名流影响

伦敦，这个著名的大都市，就像个巨大寂静的容器，充满着喧嚣而空洞的声音。没有人会在意徐志摩的存在，荒凉感时时刻刻都在他的心里。其实，不论在哪里，他人在意不在意并不重要，重要的是自己对生活的态度，是燃烧还是颓败？

徐志摩在灰暗的城堡前疾步行走，他的黑色大衣在风中像一片叶子轻微地颤抖着，心里柔软的东西被压抑，流沙般的情感，镌刻在面部，好像穿越了一条漫无尽头的河流。

他的背影，沉默无言。

不知不觉中，就被时间超越，只留下残纹，细数残留的沧桑。

不过很快，徐志摩的忧愁消失不见了。

这一切源于他结识了威尔斯、魏雷和卞因等英国著名作家和学者，其中与威尔斯交往最为密切。

清晨，空气清新润碧，醒来的徐志摩还留在他最初的生命记忆里，江南的水乡，亲人温暖的爱，像一只水鸟在碧蓝的天空上一掠而过，情感缺失的他与自然和神的隐秘对话，告知命运的强大。

风中有田野泥土的气息，隐约袭来。

他愉快起来，站起身，打开窗子，迎着阳光张开手臂，仿佛房间和心情一同敞亮起来。看着鸟群扑闪着翅膀飞走，听着它们发出低低的鸣叫声，他屏住呼吸，仿佛听到时间在耳边飞掠擦过。

端坐在窗口前的书桌上写字的徐志摩，忽听汽笛声响亮而清脆，抬眼望去，一辆汽车停在门前，他赶紧出门去迎接，正巧看见陈西滢和章士钊走下车来。

徐志摩高兴得满面春风，大声地打着招呼迎上前去，握手、紧紧地握手。他那一颗独孤的心，瞬间被友谊的潮水溢满。

徐志摩只顾和章士钊热烈地说着，一边的陈西滢着急地告诉徐志摩，车上还有贵客。

徐志摩看见汽车中的司机对着他笑，弄得他莫名其妙。陈西滢拉住徐志摩的胳膊说："这就是威尔斯！"

徐志摩听了，赶忙趋步向前，把威尔斯从车上接下来。

房间里，主客落座，徐志摩感觉炽烈的身体在灼热的朝霞中，像开着清香花的树木，激情地像一只白色的鸟儿，振动着翅膀飞速俯冲下来。他看着威尔斯不羁的微笑，看起来温暖的血液侵润着他，让他浑身散发出澎湃而激涌的思情。

城市的背景渐渐地模糊。朝阳似血的轮廓，让他心中的完美一点一点的组合起来。

无疑，徐志摩和著名文学家威尔斯的会面是愉快的。两人虽然年纪相差很大，但他们的思想确实没有距离，他们无话不谈，苏俄、中国、小说、诗歌。徐志摩感觉到自己的想象力就像插上了羽翅，朝蔚蓝的天空飞去。那是决堤的海吗？思绪也可以汹涌澎湃？他感觉到了，有一种新的东西摄住了他的身体和灵魂，那是心灵的天籁吗？他甚至不敢相信，自己和这位著名的文学家竟然有这么多的共同语言，不同的国度，不同的年龄，不同的民族志趣、性格竟如此一致。

送走了威尔斯，徐志摩的脸上挂着满足的微笑，任清风刮过所有的风景，在天地间的大美中，穷极物理，妙想迁得，以空灵深情的姿态折射出七彩人生，触摸灵魂的温度。

徐志摩完成了自己的蜕变。从此，一位狂放不羁的诗人朝我们走来。

不久，徐志摩接到威尔斯的约请，到索司顿的家中做客，由此开启了他们倾心相交的情谊之路。

以后的日子里，每当徐志摩接受威尔斯的约请，就坐火车赶去，到了车站，都是威尔斯的两个小孩来接站，他便跟着一起穿过华维克花园，朝一大片树林里走去，而这个大树林中只有威尔斯一家。徐志摩常常能看见在那所房门前的一棵高大银柏下，威尔斯背着手，低着头徘徊。两个孩子笑着指着父亲对徐志摩说："你看这位老哲学家又在那里不知想什么呢!"

当徐志摩得知威尔斯撰写科幻小说和社会小说，是以社会为本位，为社会而创作、不遗余力地攻击社会的一切陈规陋俗的时候，那个瞬间，他完完全全地被威尔斯折服了，他觉得威尔斯风趣的谈吐，如同清新的空气，在他的手指间的细缝里无声地穿梭，漫长的时间过去，这穿梭越过无数痛苦的情感，成为他所确信无疑的信仰和追求。那黑色的文字就像幽灵，带着他所有的幸福或者不幸的感受，去抒情言志或赋物达理，大到安邦定国，小至细物感怀，在文学的大境界里或播撒人间大爱，或搭建一座心灵小屋，让灵魂驻足。

无疑，威尔斯对徐志摩弃经济学转向文学，产生了深刻的影响。

坐在威尔斯家的椅子上，徐志摩听他尖着沙哑的嗓子，讲述他对时务的观察，军人的记忆，让徐志摩吃惊不小。

午饭后，威尔斯亲自带着徐志摩去参观他棕色的和黄色的房子，然后，他们到华维克花园散步，亲切地边走边聊。威尔斯准备办一个书局，要徐志摩把中国近代的作品译出来，结成小说集，到时候可以拿来出版。

那天，他们一起散步畅聊，打网球。网球打完，在推杯换盏的晚饭上，威士忌酒染红了他们的脸。饭后，他们似乎意犹未尽，又接着畅谈，直到深夜，徐志摩才躺在威尔斯家那宽大的镂花床上睡去。

黑暗中，一阵阵芳香而甜腻的味道在房间中弥漫开来，原来那是林子里吹过来的植物和泥土混杂的气味，这些气味伴随着那天的记忆，在他的生命中留下了文字的印记，从此流淌在他的血管里，渗透在他的肌肤里，无处不在。

不要因为完结而哭泣，要为曾经发生而微笑。

就是那个飘着茫茫大雪的冬天，徐志摩站起身，走到窗前，把脸靠在雾气蒙蒙的玻璃上，朝窗外望去，那透明的玻璃上面沾满了白色干燥的雪花，他伸出手指擦去雾水，不期然地看到了飘落着雪的街道上走来了两个人，他兴奋起来，欢呼着跑出去。威尔斯带着魏雷朝他走来。

魏雷是专门研究中国文学的。他见到徐志摩，除了微笑，开口就向他请教唐诗理解和翻译上的疑难问题。国学扎实的徐志摩有问必答，滔滔不绝。对此，魏雷对这位中国小友刮目相看，感激和钦佩的情感油然而生。屋内，三个人谈兴正浓，不时有爽朗的笑声传来；屋外，风雪弥漫着无人的街道，雪花迅速地堆积在街心花园的台阶上、屋顶上、树枝上，结冰的河面上。大雪覆盖了寂静的沉睡般的伦敦，天空没有一只鸟儿飞过。

大雪无声。

明亮的阳光到处照耀，刺得人眼睛眯起来，才能适应雪后的环境。渐渐地，徐志摩形成了自己身边的一个气场，这个气场如此的剧烈，让他丢弃了政治经济学的研究，被文字的魅力所俘获。他感觉到，他的头发和衣服在风中疾飞，追逐着给他带来希望的文学图腾般的精神，他的心脏激烈的跳动着，似乎涨破了一般。他想起故乡江南河岸上盛开的鲜花，红色的，黄色的，还有白色和紫色的，记忆的纹络绽开了，那清香的花朵纯洁干净，充满温暖的感情。也许，他骨子里就是诗人，他从来不愿意循规蹈矩地生活，他的血液里，注定要走一条飞扬思绪的道路，他的灵性和野性一样的多。他听到了自己蹬蹬的脚步声，在寂静的风中回响。

他誓言要把青春荼蘼成花。

徐志摩展开信纸，他在给魏雷写回信。如果收到魏雷的信，他自然是喜悦的，他在信中告诉魏雷，他收到了狄更生寄来的魏雷的一本新书，很想写一篇关于这本书的中文诗以及介绍中国艺术的文章。他还告诉魏雷，他计划创办一刊名为《理想》的新杂志，创刊号最迟在 1924 年 4 月面世，并且作好了洗耳恭听拜伦或海涅等人的嘲笑的准备，觉得那也是一种辣入肌肤的乐事；他还给魏雷附寄了一本《温飞卿诗集》，向他说明温飞卿本传里说的《侧辞艳曲》大概是指他的《金筌词》，遗憾却一时还找不到单印本。他还热烈地向魏雷推荐鲁迅新出的《中国小说史略》，并且买了一本寄给他；他告诉魏雷，胡适的《白话文学史》还未印成；信的最后，他兴奋地说，他正要筹备一个以魔鬼诗派为中心的拜伦百年诞辰纪念会，希望听到魏雷的建议和回复。

站在绿色的邮筒前，徐志摩看着白色的信封跌进去，惴惴的心情下仿佛跌进去的不是一封信，而是他的一颗心。就这样，徐志摩和魏雷的友谊如同那盛开的月光，在幻想中雪儿的舞姿和风的伴奏下，撑开了一片梦的舞台。

那是诗歌与微笑谱就的乐章。

江南早春孕育的魂灵，在一曲“高山流水遇知音”的鸣唱中，盛开着酝酿已久的花蕾。

透过冬日的窗花，徐志摩看见魏雷领着著名诗人卞因朝他走来，欢悦的心，经过黎明，脚步拍打着飞奔的骏马，淹没在春光的深处，踏上一场相逢的旅途。文学和诗歌让他们相识和来往。虽同卞因来往不多，徐志摩和魏雷却有亲密深交。回国后，他仍然和魏雷保持经常的接触和通信。

徐志摩就像躲在桃花的深处，聆听和追逐着来自不同国度的思想和艺术的火花。他的交往是宽泛的，其中不少对象是激进的青年学者，如：瑞恰慈、欧格敦等皇家学院的教授。他去参加演讲、讨论或辩论，接受新思想。他举办讨论中国诗学的研讨会，对英国文化界了解中国文化做出了贡献。他的英国友人们是那么的看重他，就是瑞恰慈、欧格敦和吴雅各合著出版《美学基础》，也不忘邀请徐志摩在该书的卷首用中文书写了“中庸”二字。瑞恰慈后来成了一位颇有名气的文学批评家。多年后，他还记得徐志摩当初在剑桥的形象——经常手持中国书画手卷，跟老师同学们高谈阔论；朋友满剑桥，特别在皇家学院，成了一位相当有名气的人物。

置身于英国知识名流之间的徐志摩，如鱼得水。在频繁的交往活动和浓厚的知识氛围中，他开始大量阅读西方名家的作品。从此，他对文学的兴趣日渐浓厚，并逐渐受到西方浪漫主义和唯美主义的影响。

红烛点燃杯盏，思绪在友谊的光芒中流淌，于是众人心已醉。沧桑岁月过后，阳光更加明媚。徐志摩知道，他人生的路，已经拐弯，伸向了文学艺术的星光大道。

第三卷 浪漫的康桥绝恋

问世间情为何物?

自古以来，爱情都是文学永恒的主题。

中国诗坛上关于徐志摩的传奇，不论是爱情还是诗情，都已深及后人内心。

徐志摩和林徽因这两颗不能交会的“明星”，却在天空时时碰撞，擦出了时亮时暗的光芒。婉约的建筑家林徽因与豪放的大诗人徐志摩之间浪漫的康桥绝恋，构筑了理想爱情的宿命般的悲剧。

康桥上，曾留下他的忧伤和叹息；那葳蕤的水草，永远摇曳着他真诚的爱恋。

康桥上，他的思绪，蘸着最饱满的激情，重复往日的旧梦。

梦断康桥，这难道是一代豪放诗人最痛彻的爱情回眸吗?

初相遇，华年若梦

有人说，爱情只是一朵绚丽的烟花，绽放一瞬间的灿烂。美丽的翅羽，却留下一生的追随。

一束火焰，闪烁。而徐志摩渴望的爱情，也如梦而至。

此刻，徐志摩穿行在伦敦铺天盖地的大雾中，想象着江南水乡茉莉花开的模样和春天的色彩。虚掷的时光，在一次邂逅里驻足，钟声响起，敲打着他的心灵，仕女进出的城堡，激情漫过的生命，是否有曼妙的乐曲撞响诗人的来世今生？

去赴一场爱的盛宴吧！燃烧的爱恋已经涌起狂澜，就像一枚弯月，在那个曼妙的女子从对面走来的时候，抵达生命的荒原。

一百多年前的那个秋天，徐志摩结识了林长民，而后，又见到了他的女儿林徽因。

无限的遐想和痴迷，如少年仰望的那道绚丽的彩虹，横跨了梦境与现实。

活泼明丽、风华绝代的林徽因的出现，就像一束燃烧的火焰，点燃了徐志摩的热烈追求和向往的火把，照亮了他的人生孤旅和生命的苍穹。

16 岁的林徽因女神一般伫立在他的眼前，就像一泓荡漾的秋水，席卷了他深刻的忧郁和死结一般的寂寥，带给他明媚的春天，之后，他的世界鸟语花香，杨柳依依。

时间储存爱，越久越醇香。在诗人徐志摩的心里，林徽因是幸福的秘密。

黑格尔说，存在即合理。世上的万事，都有它发生的因果。

林徽因的父亲林长民，是梁启超的政坛好友，曾两度留学日本，专攻政法。没有相遇之前，徐志摩早就倾慕其为人了。1920 年 8 月，担任中国国际联盟同志会驻欧代表的林长民，带着女儿林徽因抵达伦敦。

一阵又一阵的秋风，拂去伦敦天空的雾霭，把太阳请出来，世界一片明媚。徐志摩坐在学校的图书馆临窗的位置上，埋头读书。这时，陈西滢走过来，附耳低语，说林长民在国际联盟协会的演讲会就要开始了。徐志摩当即便合上书本出门，章士钊也在，三个人急匆匆地赶到了会场。当时林长民正慷慨激昂的演讲，语言掷地有声，每字每句都在徐志摩的心上溅起火花，那亮光让他震颤。徐志摩听得如痴如醉。演讲会结束后，徐志摩握住这位 44 岁长者的手，感觉一股温热直通心底。两个具有相同浪漫气质的人，一见如故，很快成了忘年交。徐志摩欣赏林长民的不凡才华，他的风雅情趣和开明思想，以及高唱恋爱自由的权利，都让他钦佩和着迷。

与林长民这样谈锋谐趣的“书生逸士”往来，徐志摩感觉自己就是那棵久逢甘雨的小苗，欢快愉悦地奔向梦回萦绕的田野，用绿色的希望装饰那一份收获的渴望。

秋风渐烈，寒笛早已吹彻。

英式壁炉前，徐志摩和林长民，相对而坐，望着热烈燃烧的火苗，促膝谈心，话题从政治、社会谈到诗文、书法，甚至男女情事。

话题的深入，足以说明两个人的亲密程度。

徐志摩就像站在夜晚背后的灯盏，被反复地点亮。

灯光下，风流倜傥的林长民自豪地对徐志摩说："论中西文学及品貌，当世女子舍其女莫属。"

徐志摩的心莫名地颤动了一下，仰望夜空，银河凝止为水晶的长街，从尽头处，款款走来绰约的林徽因，美丽大方，娴淑高雅，令徐志摩的眼前，一片灿烂。

我醒着吗？他问自已。为什么，曾经踏过千愁百结，一刻不停呼唤暗夜后的黎明，却在梦里展开爱情的花朵？

面前这位叫林徽因的女孩，才华出众、气质清雅、美貌惊人，怎能不让热情、唯美的徐志摩怦然心动、激情爆发？

关住一窗的光华吧，关住绚丽的想象！

幸福向风吹去，那是你的睫毛，打动了黎明的眼眶？多少年来的孤独跋涉，让他桀骜激烈，心灵充满了沧桑，他像一只疲倦的兽，隐藏着许多自愈的伤口，却依然像一株生命力旺盛的大树，枝叶青翠，郁郁葱葱。林徽因温暖的眼神，仿佛控制了全局，看为什么两个人之间延伸出一段遥不可及的距离？

望着林徽因静如仙湖的眼眸，徐志摩用多情的泪水拥抱天空，希望能去做那片飘逸的白云。

爱情的力量是伟大的，徐志摩驾长风、披急雨，生命的溪流奔向生活的汪洋，青春的激情驰向文学艺术的辉煌。

秋末的一天，林长民来了，他的身后跟着一位瘦削的男子，由此，徐志摩认识了着名作家、剑桥皇家学院院友——狄更生。作为中国人，让徐志摩深感自豪的是狄更生喜欢中国，并听说他曾用一年的时间访问中国，登过泰山，谒过孔庙，著有《从中国的来信》一书，书中盛赞中国的文明。无疑，狄更生是一位颇受青年敬爱的学者，他慈祥和蔼、慷慨无私、机敏风趣，浑身充满着振奋人心的活力；他热衷于政治社会改革，尊崇中国的老子，亲慕德国的歌德，喜爱雪莱和拜伦等浪漫派诗人；他热爱人类，没有种族和民族偏见。

徐志摩对他不仅是景仰不已且身体力行。

那个壁炉前的下午茶，气氛热烈，狄更生侃侃而谈，他说自己的前生是炎黄子孙，所以对中国人特别亲热友善，很快就和徐志摩成了朋友。之后，狄更生介绍徐志摩进入剑桥大学，成了特别生，从此徐志摩的人生方向也随之出现了重大转折。

就像风收拢起飞翔的翅膀藏进城堡，徐志摩后来怎么也放不下文学艺术的诱惑，丢弃了要做中国的“汉密尔顿”的理想，也就丢弃了繁荣和富足，但是为了艺术，他认为这一切都值得。

魏雷回忆说，徐志摩把狄更生当作英国的梁启超去追随，拜读他的著作，与他探讨文学艺术；恨不得他的每一部作品都像一缕缕阳光，流进他每一寸肌肤和血液；每一片叶子，都写满自己的诗句。孱弱的中国太需要诗歌去唤醒，徐志摩左手拿着诗句，右手捂着疼痛的大地，在暗夜里呼唤黎明，嫩绿的笑容让龟裂的四季愈合伤口。

英国的冬季是寒冷的，徐志摩迎着寒风去拜访狄更生，恰巧他不在家，但他没有离去，而是耐心地悄然独坐家门口，凝情深思。冥冥之中，他像是被命运引领着，嗅出一种神秘的气息，正从远古袅袅娜娜地走了来，这气息的主人不是别人，正是他心中的女神林徽因，四目相撞的瞬间，天地崩裂，只用四滴泪水，便倾尽了古往今来的江河。直到深夜，狄更生回来了，一声呼唤，他才醒过来，仿佛被掠走的心，漂流数十载，终于停泊在温暖的港湾。梦醒人去，他心中的女神翩然而去。

比飞鸟更高的天空，云影漫过，那形体的变幻，揭示着世间的秘密。

徐志摩对著名作家狄更生的景仰孺慕，让他的情怀诗情画意，那个中国的“汉密尔顿”，渐行渐远，却多了个听歌吟诗、抒情咏怀的诗人，迈着浪漫的脚步，朝我们走来。

陪伴他诗人生涯的，会是倩姿绰约的林徽因吗？

那个冬天的一场雪，像缠绵的红玫瑰，簇拥在一起，爱情的激流和西方文学艺术的滋润，让徐志摩的心，炽热得如同燃烧的火焰。火焰里，有林徽因盈盈含笑的眼眸，白瓷般的肌肤，以及与她的诗情画意一样无懈可击的高雅精致。就在这个期间，徐志摩的笔下，开始涌出大量的诗篇。

出于对狄更生的崇拜，徐志摩请了他的画家朋友傅来义给狄更生画了一幅肖像画，并将其带回中国装裱悬挂。1921 年 11 月，为了表示对狄更生的敬意，徐志摩把一部家藏的康熙五十六年版的《唐诗别裁集》奉送给狄更生，并在扉页上用毛笔写了献辞：“书虽凋蠹，实我家藏，客居无以为赆幸，先生莞尔纳此，荣宠深矣。徐志摩敬奉。”

回国后，徐志摩开始了文学创作，并多次代表梁启超和蔡元培以讲学社的名义邀请狄更生来中国访问，故地重游，可惜狄更生因事而未能成行。1928 年，徐志摩第三次赴英，回剑桥拜访狄更生时，恰逢狄更生不在。深感遗憾的徐志摩只好经巴黎、杜伦、马赛准备乘船回国。不过在这期间，徐志摩并没有放弃任何一个可能与狄更生相见的机会，他一路上不停地给他发电报联系。狄更生自然也是故旧情深，他一路风尘仆仆，一站一站地追寻着徐志摩的足迹，终于在马赛的最后一站，两个倾心相交的朋友见面了。这是一次难忘的相见，他们开怀畅谈，挥泪惜别。两个人谁都没有想到，这竟是他们最后的一次见面。

至此，徐志摩和狄更生这两位不同国籍的小说家和诗人的友谊，传为佳话，并隔着时空，迎面朝我们扑来。

经好友狄更生的介绍，徐志摩和英国20世纪20年代颇有名气的新派画家傅来义成为终身好友。徐志摩跟着傅来义走进了西欧当时新派画家的艺术之宫，在他的面前，一片新的艺术天地就此展开。徐志摩回国后，把傅来义送的两张素描发表在《新月》上。他在《致傅来义》的信中说："你的来信震撼了我全人。你真挚的同情今晨带给我一种漫溢心魂而又独特无匹的感觉；我虽然尝过多种欢乐的滋味，但与此却无可比拟！我也没有办法把拨动我最深沉的心弦那一种感激之情传递给你。"

徐志摩因为林长民遇到狄更生先生，继而又结识傅来义，这两位英秀超卓、在艺术和文学方面有成就的代表人物，对他艺术的启迪，如春雨一样在不知不觉中润物细无声。

倾城绝恋

雾都的黎明，悠扬的钟声，传来梦的呼唤，城堡隐在朦朦胧胧之中，一片虚幻。

徐志摩走在去林家的路上，林徽因的倩影，不时地出现在他的脑海之中，他的目光迷离起来，分明看见一颗晶莹的珠子，恰似秋水莹莹的眸子，在爱的绿叶上滚动。

那是生命之水，爱情之水；那是艺术之源，诗歌之源。

如同叮咚悦耳的琴音，穿越了生命的四季。

雾霭迷离，徐志摩的心也迷离着。伦敦，这个古朴沉郁的城市，是他宿命中飘忽的线索吗？空旷的街道上，很少见到来往的行人，很久才会出现一辆马车匆匆而过。

多少次，壁炉前的畅谈，让他陷入澎湃的激情中。花季少女林徽因明眸皓齿，那双弯弯的笑眼，像一汪秋水盈盈；绛唇启处，两排洁白无暇的“珍珠”晶莹闪亮，浸月无痕，浸水无声。说不尽的秀美明丽，说不尽的清雅大方，说不尽的神采飞扬令徐志摩迷醉，他的心，已被爱之火点燃。

多少次，幽径漫步，畅谈理想，纵论人生，让他情不自禁意醉神迷。林徽因的兰心蕙质和阿娜轻盈的身姿，就像江南荷池的莲花，摇曳着俊秀风姿。一春芳意，一世爱恋，说不尽的玲珑可爱，说不尽的聪慧横溢，说不尽的光彩照人。

一缕相思点燃了不灭的爱情火种，徐志摩开始了追寻灵魂之伴侣的跋涉。生命的殷红，浇灌着他每一根苦涩凝爱的神经，他能够如愿以偿，牵手心中女神林徽因吗？

伦敦古老的街道上和剑桥皇家学院校园的小径上，留下了他和她的足迹和徘徊的身影。林家的客厅里，徐志摩神采飞扬的和忘年老友林长民对坐畅谈，和林徽因探讨文学艺术，耳鬓厮磨，沉醉不归。他仿佛看见江南故乡盛开的荷花，招摇着清纯圣洁的身影，在一曲高山流水的乐音中，婆娑起舞，浮春的梦，覆盖了他浪漫的心灵。

还是少女的林徽因，是否被他的爱恋，吹皱了心中的一池春水？

夜色朦胧，盛开的梦幻，释放着爱的温馨。

那是一个令人神清气爽的下午，林徽因听见邮差摇铃的声音，便急急跑出去，手里就多了一封信笺，信中那飞扬的文采和露骨的话语，让她脸红心跳。她张皇失措了，不知怎么办才好，坐在芬芳的夜里，她惆怅着梦的孤独，只愿在今夜的梦里，做一个自歌自答的孤女。在芬芳里，“长”出三分唐诗，三分宋词，在英伦散发着古旧的橱柜上那个青花瓷的“骨骼”里，绽放一朵青花。似歌似泣的吟哦，摇曳着婉约的情怀，颤栗中，林徽因让父亲代她处理这件事。于是，就有了林长民给徐志摩的一封长信，信中说：“阁下用情之烈，令人感悚，徽亦惶惑不知何以为答，并无丝毫嘲笑之意，想足下误解了。”

长夜之梦，终究只是一个梦。此刻的徐志摩在夜半更深的时候，仰望苍穹，对着漫天星斗，在想什么？是在许愿实现他的爱情？

这一世的相思啊，这一世的孤独！

红罗鸳鸯，陋室空堂，已随梦成空。

徐志摩对林徽因热烈的情感和林徽因的惊慌失措，完全证实了多年后梁从诫的话：母亲没有和徐志摩恋爱过。

苇丛摇曳，惊飞的鸟儿回顾，追逐的白衣时隐时现，飘飞的曲调时有时无。

徐志摩是否看见那相思的明月楼伫立着绰约的轮廓，红妆小窗透着明亮的灯光，可是，薄情的黄藤酒却醉倒了多少名人志士？万千离愁，都将于今夜随歌而来。

这时的徐志摩还没有清醒，他感情的火焰，正穿越妩媚的光芒，他的思念，像蚌壳中一颗珍珠，吐露着精致的风华。他不知道，他和林徽因永远是两条平行线，永远不会有交集！林徽因就像一朵未开的花，羞怯地藏在了花蕾里，不肯出来。

厚重的云也好，薄薄的雾也罢，江南的青石小径才是最芬芳的意象，最温柔的诗笺。一盏清茶足以销蚀了西风的魂，不需举案齐眉的酒。

落花有意流水无情。倾城绝恋，对于徐志摩追求灵魂之伴侣，留下了闲谈一生的江风秋月。

在以后的日子里，徐志摩和林徽因书信往来，关系紧密，差不多天天有信，是朋友？还是恋人？不管林徽因怎么样，徐志摩是深深地陷入了情网，不能自拔。

如此阔大的天地，是否容得下单相思？

恰在这个时候，张幼仪经过长途跋涉，远涉重洋，来到了徐志摩身边。她满怀期望，情意绵绵地来和丈夫团聚，结果却是分离。

现实是多么的残酷！比爱情更沉重的是分离！张幼仪大脑一片空白，心破裂般的痛。

那是一个寒冷的冬天，张幼仪乘坐的航船到达了马赛码头，汽笛声和人声交织成一片，疲惫的张幼仪看到了前来接她的徐志摩，黑色毛大衣衬着他呆板失望的脸，白色的围巾在寒风里飘飘荡荡，为什么丈夫没有一丝相逢的喜悦和激动？她的心沉了下去。是否那时她便感觉到了他们两个人的前程不妙？

徐志摩看见妻子，失望和不快掠过心头，他的心里除了少女林徽因，再也装不下任何人了。从马赛港出来，他们直奔火车站，坐车去了巴黎。下了火车，徐志摩就把张幼仪带去商场，给她买了几件衣服，是嫌她土，还是希望她成为新式女子？在飞往伦敦的飞机上，张幼仪晕机呕吐了，徐志摩嫌弃地把头扭过去，说：“你真个乡下的土包子。”所以，当徐志摩也晕机呕吐时，张幼仪也不无恶意地说：“我看你也是个乡下的土包子。”

终于到了伦敦，面对前来接他们两个朋友，徐志摩热情似火眉飞色舞地说笑着。不过张幼仪的心情，却更加沉重了。

在伦敦厮守着妻子的日子，徐志摩几乎窒息了，慵懒、平淡、得过且过。他虽然不孤独了，却没有了生命的激情和光亮。

第二年的初夏，徐志摩以特别生的资格上了剑桥大学皇家学院，他和张幼仪便搬到幽静娴雅、极富自然情调的沙士顿住了下来。早晨骑车上学，晚上回家吃饭，那段时光，徐志摩过得也算是安稳。他给张幼仪找来老师，教她英文和西方知识，还带着她去看赛舟、看电影或访友。

沉闷的生活，平庸而乏味，让徐志摩的精神很是萎靡。是呀，林徽因的倩影在脑海里招摇，他的心里又如何装得下妻子张幼仪？他无数次仰头问天，为什么和自己同床共枕的不是灵魂之伴侣？他只有沉默，只有忧郁！哀哉悲乎！只有在朋友来访时，徐志摩才像是注射了兴奋剂一般，兴高采烈、滔滔不绝、轻松快乐，当朋友一走，他立即又陷入了忧郁的深渊。他的样子，张幼仪怎能无视？

夜深沉恬淡，张幼仪蜷在灯下，埋头膝间听自己的心跳。阵阵袭来的黑暗拥满了房间，幽深而漫长，为何自己无法进入丈夫的心灵？为何自己不能在爱的光芒下幸福的生活？自责、自怨、伤心。她听到了江南窗外河水哀怨的吟唱。

日出月落、晨昏交替。悲情中，她只有默默地整理家务，照顾孩子，无奈无助的悲哀情绪溢满了心间。

缘分的天空下，徐志摩踟蹰于一帘幽梦下，就像一面镜子，映照着时代的风潮。励志做汉密尔顿的他，困于情中，求学兴趣也跟着大减，上课次数日稀，且与林长民两个人玩起了互通情书的游戏，两个人把对方当作情人，各自诉说情感困惑。当伦敦大学政治经济学院的注册处向拉斯基教授查问他的弟子的下落时，拉斯基教授很风趣地给注册处写了一个短函说："我倒是不时见他的，却与读书事无关。"

倾城绝恋，鱼雁往来，结果只留下一个"绝"字。是命运的嘲弄，还是根本不该发生？

中国人喜欢"缘分"这两个字，"有缘千里来相会，无缘对面不相逢。"徐志摩和林徽因应该无缘。尽管林徽因温婉娇柔，高雅安静，兰心蕙质，如同一朵美丽洁净的莲花。可对于徐志摩来说，她是天际的月亮，可望而不可即。作为名门之女且才华横溢的林徽因也不可能去做第三者，嫁给已婚的徐志摩，即使徐志摩离婚，大概也是不可能的。

有人说，林徽因聪明就在于她选择了梁思成，才有今天的中国建筑史。这话听来有些欠斟酌，感情的事情，原就没有聪不聪明可言，有的只是对的时间，遇到了对的人。

徐志摩浪漫也天真，他把无爱的婚姻看做了坟墓，试图挣脱羁绊，去追寻灵魂之伴侣，却偏偏爱上了清雅、聪慧、理智的林徽因，所以，他与她注定无缘同船共渡。

尽管他爱林徽因爱到骨头里，可现实残酷，每个人都有自己的道路和选择，因此，骨头没有开出花朵来。

烦恼结开

世人谁不追求真爱？谁不希望地老天荒？

徐志摩所处的那个时代，包办婚姻比比皆是，多少人活在无奈的婚姻中，被痛苦淹没，争取婚姻自由就成了青年的追求。

徐志摩初见张幼仪的时候，就是打心底里不愿意，迫于家人的压力，他才不情不愿地走进了婚姻。现在，他的眼前都是林徽因风姿绰约的影子，恨不能立刻从生命中抽离，与张幼仪一刀两断，再无瓜葛。

他不知道，他一心等待，等待一个洁白的了断。可是，当一场盛大的寒冷来临时，他却像一簇被冻结的火焰，有火的形状却没有火的温暖。

人生如戏。最终，他对理想主义爱情梦的追寻失败了，烦恼徒生。

如果徐志摩知道是这样的结局，他还会去飞蛾扑火般追寻风姿绰约的林徽因吗？

张幼仪虽然不是他爱的女人，可阴差阳错地与他走在了一起，并无怨无悔地为他生育了儿子。如果说，他们在一起是个错误的话，那么，要修正这个错误，也不一定非得离婚。

错就错在，这个男人不是别人，他是徐志摩。徐志摩是个浪漫的诗人，当他的心中住进来一位女神时，那么，从一开始就不喜欢的婚姻，他就再也忍受不了了。在这样的比较下，张幼仪就成了他身边飘浮的一粒尘埃，他再也不愿意看她一眼。对一个人深情厚义，对另一个人却是薄情寡义，此时的徐志摩，深陷情感漩涡之中。

徐志摩深陷情海，无法自拔，烦恼结越抻越紧，快要让他窒息了。他写了无数情深意长的诗句，送给林徽因，表达他愿意跪倒在她的裙裾下，愿意做那只温顺的羔羊的情愫，抑或她拿着细细的鞭子，轻轻地抽打着他，只要相依相随，才不会虚度这浪漫无悔的年华。

可林徽因终究是没有接纳他的爱，而是成了他生命中的一劫！

红尘里，爱与相爱都是幸福的，我爱你，这不关你的事，偌大的世界容得下单相思。

你是我的女神，我愿意用一生为你写下柔情的一笔，那一场爱，就像花事无悔无怨。

徐志摩心里海潮般的激情和痛苦像血液一样涌动着，再难忘掉那个美丽如花的倩影。

夜色朦胧，黑暗包围起来，温情脉脉的时刻，张幼仪坐到徐志摩身边，漆黑的头发像浓密的海藻，从肩头倾泻下来，一双明亮的黑眼睛似乎看穿了世事，看着被黯淡的星光照亮的徐志摩的脸，幽幽地告诉他自己怀孕了。她试图用孩子来挽救濒临死亡的婚姻，却听到徐志摩冰冷的声音："把孩子打掉。"她立即浑身冰凉，怅然若失。她怎么也没想到丈夫会这样说。难道他不知道打胎是有生命危险的吗？也许，她还心存幻想："我听说有人因为打胎死掉了。"徐志摩冷冷地说："还有人因为火车肇事死掉的呢，难道你看到人家不坐火车了吗？"说完就扭过脸去了。

张幼仪的心陷入了极度痛苦的深渊，徐志摩的绝情话语，刺破了她的心脏，从此，痛不欲生的痕迹，留在了她多舛的命运里。

窗外，不知名的树木深绿着叶子，在明亮的阳光下，纹络分明，充满了纯真的生命力。

傍晚，徐志摩请在爱丁堡大学留学的中国女学生来家吃晚饭，张幼仪以为她是徐志摩娶来做妾的恋人，心一下子缩紧，痛苦地思量后，无奈无助中的她，决定接受现实。

徐志摩送走女学生，来到正在洗碗的她身边，烦乱地徘徊，许久之后，他问她对女学生的看法。已经准备接受丈夫娶妾的张幼仪便说："呃，她看起来很好，可是小脚和西服不搭调。"

徐志摩突然尖叫："我就知道，所以我才想离婚。"

那尖叫如此突兀和激烈，让张幼仪身上的每一寸皮肤都在紧缩，她不知道，从此，她就彻底告别了自己生命里盛放着幸福、希望和完美的家园。那天，她从后门逃了出去，夜晚冰凉的空气扑面而来。徐志摩一路追着她到了阳台，气喘吁吁地说："我以为你要自杀！"

不久，徐志摩忽然消失了。张幼仪被遗弃了。想起那把秋天的扇子，张幼仪开始明白，自己是真的已经不被丈夫需要了。

张幼仪无能为力地悲哀着，无奈中，她向在巴黎的二哥张君劢求救，随即，她踏上了去巴黎的火车，后又随七弟到了德国。心里的荒凉和破裂，让她蜷缩在车厢的一角，用衣服堵住嘴巴，独自无声地哭泣。一双寂寞的大眼睛，就像深夜的大海，涌动着月光和海底深处的潮水，深重的痛苦，让她决定坚强地活下去。不久，她在柏林生下了徐志摩的第二个儿子德生（彼得）。终究，儿子也没有留住徐志摩追求灵魂之伴侣的脚步，张幼仪在清冷的日子里，始终未见徐志摩，她独自抚养着他的孩子，所有的言语里，都透着伤心和无奈。

当春天来临的时候，张幼仪接到了徐志摩的信，在信中，徐志摩正式向她提出了离异请求："……无爱之婚姻无可忍，自由之偿还自由，真生命必自奋斗自求得来，真幸福亦必自奋斗自求得来，真恋爱亦必自奋斗自求得来！彼此前途无限……彼此有改良社会之心，彼此有造福人类之心，其先自作榜样，勇决智断，彼此尊重人格，自由离婚，止绝痛苦，始兆幸福，皆在此矣。"

就这样，在他们第二个儿子出生一周后，徐志摩和张幼仪正式签署了离婚协议。

站在柏林的寂静的大街上，张幼仪望着西天那抹锈红，哀怨西沉，想起江南故乡水面上的枯荷，写着的都是秋的残景，碧绿已成往事，晚开的那朵莲花，寂寞孤零。远处的钟楼，叮当想起钟声，摇乱了暮晚诵经的回声。

徐志摩挣脱了无爱的婚姻，望着西天的飘浮着的云，仿佛自己飘浮了上去。低下头去，闭上眼睛。他的心中，是否有一丝对结发六年原配妻子的愧疚？

那高空的云啊，是否会让他如愿以偿抱得美人归？

一个人的高兴，就是另一个人的痛苦。只听新人笑，哪管旧人哭！

浪漫的徐志摩去追寻他的女神，张幼仪却跌进凄苦的暗影，肝肠寸断。此后，她摇动着寂寞的双桨，泅渡冰冷的生活，悲戚地转身，她开始了异国他乡的独立生活，像一朵苍白破碎的花，一点一点地坚强起来。

离异后的张幼仪独自抚养儿子，开始了在德国的求学生活。

其实，天空是辽阔的，容得下她所有的委屈。

张幼仪把心拆做两半，把爱放在梦里，独自踟蹰，就像一片飘零的叶子，被风的手指揉碎。她的尊严，是一道闪着温暖的光芒，一颗不甘寂寞的心，时时倾听奔跑的风中梦的歌唱。坚强，才是她受伤后，在异国他乡的依靠。回国后，她到东吴大学教德文、接办上海女子商业银行、经营云裳服装公司，成为一个新时代的独立女性。只是，从离婚的阴影里走出来的她，却没有走出徐志摩的世界。她跟夫家共同经营事业，精心抚育她和徐志摩的儿子，照样服侍徐志摩的双亲，连丧事都由她承办主持。

芳华已逝，流年飘过，那一声长长的叹息，就如一行长长的泪，穿透了她整个生命，满是纤细的荒草。当有人走近她那一杯愁绪，问及她与徐志摩的感情时，她沿着经纬的走向，去看丝丝芳冷，冷静得如同一座完美的雕像，说："你总是问我，我爱不爱徐志摩。你晓得，我没办法回答这个问题。我对这问题很迷惑，因为每个人总是告诉我，我为徐志摩做了这么多事，我一定是爱他的。可是，我没办法说什么叫爱，我这辈子从没跟什么人说过'我爱你'。如果照顾徐志摩和他家人叫作爱的话，那我大概爱他吧。在他一生当中遇到的几个女人里面，说不定我最爱他。"

人生由天不由我。当年的潸然离去却无人怜爱，而今，却早已淡然于花开花谢。她独自怀揣着那善感的心灵，留在时间的深处，坐在一丛忘忧草里，在月的眸光里，她静静解读爱的密语。

有时候，深深的爱，是一种秘密。爱情由心不由我。徐志摩拥有自由之身后，欢天喜地，他以浪漫和夸张的笔调写下了颂扬自由可贵的诗作《笑解烦恼结——送幼仪》，并在《新浙江》上发表：

这烦恼结，是谁家扭得水尖儿难透？
这千缕万缕烦恼结是谁家忍心机织？
这结里多少泪痕血迹，应化沉碧！
忠孝节义——咳，忠孝节义谢你维系
四千年史髅不绝，
却不过把人道灵魂磨成粉屑，
黄海不潮，昆仑叹息，

四万万生灵，心死神灭，中原鬼泣！

咳，忠孝节义！

…………

如何！毕竟解散，烦恼难结，烦恼苦结。

来，如今放开容颜喜笑，握手相劳；

听晚后一片声欢，年道解散了结儿，

消除了烦恼！

同年11月，徐志摩在《新浙江》的副刊上发表了《徐志摩张幼仪离婚通告》，这是近代中国第一桩自由文明的离婚案。徐志摩指出夫妻离婚对双方都是平等的，并对道德的更新充满了信心和希望："我们相信道德的勇敢是这新时期的精神，人道是革新的标准。"

徐志摩的离婚，石破天惊，震动了中国，这一中国近代史上头一宗西式离婚事件，挑战了百年前中国的封建婚姻制度，怎能不在父母之命媒妁之言的时代掀起狂风巨澜？

寒冷的一月，徐志摩踽踽独行于异国他乡，那消失在暮色里的身影，在雪色的光芒里，清晰分明。

坐在神秘和美丽的夜晚，徐志摩沉醉地伫立在窗前朝外望去，树枝上挂着雪后的冰柱，空气凛冽而新鲜，大街上没有一个人影，荒野般的空旷寂静。梁启超的声音在耳边响起，如雷震耳。"其一，万不容以他人之苦痛，易自己之快乐。弟之此举，其于弟将来之快乐能得与否，殆茫如捕风，然先已予多数人以无量之苦痛。其二，恋爱神圣为今之少年所乐道。……兹事盖可遇而不可求。……况多情多感之人，其幻想起落鹘突，而得满足得宁贴也极难。所梦想之神圣境界恐终不可得，徒以烦恼终其身已耳。呜呼志摩，天下岂有圆满之宇宙？……当知吾侪以不求圆满为生活态度，斯可以领略生活之妙味矣。……若沉迷于不可必得之梦境，挫折数次，生意尽矣，郁邑佗傺以死，死为无名。死犹可也，最可畏者，不死不生而堕落至不复能自拔。呜呼志摩，可无惧耶！可无惧耶！”

徐志摩低下头去，咀嚼着老师梁启超字字出于肺腑的话语，虽句句语重心长，虽预料到了他追求“梦想之神圣境界”必然失败，又怕年少的他经受不起几次挫折，于是警告他：“天下岂有圆满之宇宙？”

窗外，一轮新月破云而出，那旷世的璀璨和光明，覆盖了天地和他自己，那理想主义的浪漫信念珍珠宝石般发着光，细碎隐约的光芒，照的天地透明，没有轰轰烈烈的爱情，人生总是不完美。林徽因的影子又在他的脑海里徘徊，他曾多少次渴望拥她入怀，渴望命运之神的降临。他晶莹剔透的心里，坚定了不懈地追求理想的信念。他几步走到桌前，马上给老师回信。首先，不承认他是以他人的痛苦来换自己的欢乐：“我之甘冒世之不韪，竭全力以斗者，非特求免凶惨之苦痛，实求良心之安顿，求人格之确立，求灵魂之救度耳。人谁不求庸德？人谁不安现成？人谁不畏艰险？然且有突围而出者，夫岂得已而然哉？”其次，他承认爱情是可遇而不可求的，但他不能不去追求：“我将于茫茫人海中访我惟一灵魂之伴侣，得之，我幸；不得，我命。如此而已。”第三，他坚信他的理想是可以创造培养出来的：“嗟夫吾师：我尝奋我灵魂之精髓，以凝成一理想之明珠，涵之以热满之心血，明照我深奥之灵府。而庸俗忌之嫉之，辄欲麻木其灵魂，捣碎其理想，杀灭其希望，污毁其纯洁！我之不流入堕落，流入庸懦，流入卑污，其几亦微矣！”

理想主义也许是单纯的、天真的，寂寞的，但它已经像火星在梦的花蕾里轻轻地爆裂，就像美丽的恋歌落地。徐志摩在当时旧的社会环境中，在封建理念的包围下，敢于挑战旧的封建礼数，将“爱、自由、美”这样一种特立独行的深刻的姿势，行走在生命的旅途，就像叮咚作响的琴弦，发出明婉绮丽的乐音，在慢慢流逝的岁月里，优雅而深沉地炫舞，独享那流畅的生命舞蹈。

胡适说：“他的人生观真是一种‘单纯信仰’，这里面只有三个大字：一个是爱，一个是自由，一个是美。他梦想这三个理想的条件能够合在一个人生里，这是他的‘单纯信仰’。他的一生的历史，只是他追求这个单纯信仰的实现的历史。”

徐志摩挣脱了婚姻羁绊的生命，闪着奇异的光芒。他的灵魂，穿越了无限广阔的原野，穿越茂盛的森林和河流，看到远处那神奇的花卉和树木。

理想就像易碎的翡翠，并不以人的意志为转移，1922 年 3 月，徐志摩满怀欣喜地回到剑桥，寻找他心中的女神，而林徽因却早在半年前就已随父亲回国了。

人去楼空。那个晶莹剔透到心里的像雾像雨又像风的美丽的影子啊！

“我是天空里的一片云。”

“你是我波心一点光。”

请“许我一个未来吧……”

也许，那个时候的林徽因还太小，还没有恋爱的准备。面对徐志摩狂风暴雨般的爱恋和追求，林徽因害怕得无路可逃，胆怯得不敢承受，明智得极力避开。不要疑我害怕，不要怨我胆怯，也不要说我明智，爱，无须世俗婚姻的承诺。她说：

忘掉曾有这个世界，有你；
哀悼谁又曾有过爱恋，
落花似地落了去；
忘掉，这些泪点里的情绪。
到那一天一切都不存留，
比一闪光，一息风更少痕迹；
你也要忘了我，
曾经在这个世界里活过。

比爱情更沉重的是分离，面对林徽因的不辞而别，徐志摩是不是应该清醒？因为，所有的灵魂，都需要倾听的旋律，寻一条温暖的线索。

长夜漫漫，徐志摩坐在新月里，把自己蜷缩成寂寞的姿势，而那个像雨像雾又像风的影子，沉浮在脑海里，与他的寂寞形成了一种姿势，和心灵的伤交织在一起的疼痛的感觉，让他的心里汹涌着怆然的温暖。

在潺潺汩汩流淌的寂寞中，徐志摩扬起天真和失望的笑脸，透过思念的覆盖，看见阳光在布满鲜艳之花的窗帘细缝间的舞蹈。

他的世界寂静无声，而林徽因的影子若隐若现。

第四卷　不负时光寻知己

佛说：前世五百次的回眸，才换来今生的擦肩而过。

短短今生一面遇，前世多少香火缘。牵手是一种缘，回眸是一种缘；生命是一种缘，爱情是一种缘；假如还有来生，来生也是一种缘。组成人生的，就是那无数个缘。

张幼仪离去了，林微因走了，再次回到剑桥的徐志摩，陷入了人去楼空、物是人非的痛苦之中。他在诗中写道：

“微微瞬间，你在一秒点穴；

漫长永远，我用一生解穴。”

康桥的记忆，旧时间美好，那是他从政治经济学家朝诗人蜕变的日子。于是，一粒诗歌的种子，跌进他的心里，悄悄发芽，连同他的爱，不可察觉地穿过他的血液，辽阔成天空的云。

为了诗歌，徐志摩踏香而来。

温暖知己

伦敦的秋末，街道上落满了飘零的树叶，大雾弥漫，对面不见人影，就像徐志摩纠结着痛苦的心灵，被远处飘来的钟声，牵去无奈的目光。

人的一生，有许多意料不到的事情，在不知不觉中发生。

正当徐志摩被离情别绪揉搓的痛苦的灵魂在清新而寒凉的风中颤抖，罗素被欧格敦带到了他的面前，他的眼睛一亮，激情燃沸了血液，像大海的潮水一样飞涨。

那个夜晚，徐志摩坐在激情澎湃的海潮上，手里捧着一本罗素的著作，痴迷地看着讲台上才华横溢、幽默谐趣的罗素。他从美国一路追来，就是要师从罗素。现在，他终于如愿以偿，感情缺失的隐痛渐渐地退去，代之的是一种久违的欣悦。罗素藐视世俗成见、攻击卑鄙虚伪、提倡创造幸福、追求生命的乐趣、热爱和平、文明、捍卫思想自由及创作自由的观念，为徐志摩寻找生命的理想和灵魂的伴侣注入了营养分子。

于是，徐志摩心中的寒冰消融，顷刻间化为一江春水。那是罗素给予他的阳光般的信念和方向。

有雨水打在窗玻璃上，世界一片寂静，只有雨滴落下后的急促和破碎声，让他的灵魂激昂。

灯下，徐志摩通读罗素的著作，他的心，平静而辽远。他被罗素深邃、脱俗而空灵的理论所折服；走进了罗素那清丽而俊逸、质朴而大气的灵宇。罗素组织的各种活动，徐志摩必去参加；剑桥通往伦敦的那条路上，常常有徐志摩的身影在踽踽而行，他或是去亲聆罗素的演讲或是参加罗素倡导的聚会。由此，他成了罗素家中的座上客，着迷而疯狂地阅读罗素的著作，对罗素这样一位哲学大师，敬仰到无以复加的地步。

深蓝色的天空，已经出现了淡黄色的星，一枚新月挂在中天，那光辉洒满了他的身心。

一日，在去学校图书馆的路上，徐志摩遇见了鲍蕙尔小姐，得知罗素喜得贵子，他高兴得差点跳起来。到了孩子满月那天，徐志摩热情地约请罗素夫妇前来剑桥，他要按照中国的传统习俗给孩子庆生。徐志摩跑前跑后，给中国留学生发请柬，忙得不亦乐乎。罗素夫妇抱着刚满月的儿子来了，看见门旁贴着剪纸的“喜”字和红对联，以及对联上的汉语方块字，热闹的场面，使他们惊讶地张大了嘴巴，心中的感动和温暖像潮水一样地涌来；徐志摩递给罗素和夫人一碗长寿面，面里卧着红皮鸡蛋。罗素夫妇感激的目光，清晰而灼热，愉快充满了那个热闹的空间。罗素大声喊道：“生活就应该有情趣！”

徐志摩望着墨蓝色的夜空，仿佛听到了来自伯牙手中的琴，叮咚而响，那是为知音钟子期弹奏的。那一曲高山流水，在异国他乡，舒缓而激越，从心灵直达心灵，温暖着爱情上失意的他。

夜空里的星宿与月，本身就是神秘的默契者。徐志摩和罗素又何尝不是古时的伯牙和钟子期。在追寻爱情和梦想的路上，不能没有知己。徐志摩看着罗素，想着林徽因，他的心里有诗意的情愫悄悄地爬出枝蔓。

当年，徐志摩陷入婚姻桎梏时，曾致信罗素，两个人相约见面谈了许久。徐志摩只觉醍醐灌顶，就像在茵绿的草地上，看到一片猩红的花朵，那般的惹人注目、令人向往。然后，徐志摩做出了和张幼仪分手的决定，可见，罗素对他的影响之大。

那应该是距离的缩短和情感的加速度，引起的心里冲击力。真的美好，雅致。诗人的心灵轻灵、松弛，没有了羁绊的自由，一脸任意的姿态。

又见罗素，已经是三年以后的夏天了，徐志摩再赴大不列颠帝国。当他风尘仆仆地走出码头时，隔着闷热的空气和迷茫的雾霭，看见站在空旷的广场上的罗素，戴着开花草帽，穿着烂褂子，领带像稻草飘在胸前，一副乡下人的打扮，徐志摩差点儿认不出他来。不过，从他那敏锐的双眼中还是看出了哲学家的灵智。那一瞬间，整个世界都充满玄思骚响和诗的神秘氛围，徐志摩感觉自己插上了想象的翅膀，飞翔于未知的广阔空间里。坐进罗素的破汽车里，一路颠簸，却没有影响他们心灵的沟通。在偏远的南方做隐士的罗素轻松闲谈，就像季节的姿态，写下了两人丰盈剔透，犀利而深邃的友谊。

这一年是1925年。徐志摩和罗素通宵畅谈，天上的星和月都疲乏地隐进了云层里了，他们还在灯下讨论哲学，讨论诗歌。那是哲学家和诗人在历史和现实中的融凝，瞬间和永恒的求索。徐志摩感觉自己走进了多姿多彩丰富神奇的世界里，就像露水跌下的蕨草，在一样的韵律和节奏中舞蹈着美妙的诗魂。

徐志摩最后一次见到罗素，是1928年第三次赴欧，两人对坐长谈，两杯葡萄酒，打开了思想的阀门。那一股酒香，亲吻着他们的味蕾。两个人的谈话层层递进，从主观内心的姿态，进入客观经验的挖掘；由自然与事务转入无形的内心，继而进入超验的境界。徐志摩直觉到诗歌是主观审美趣味的表达，两个人的研讨拓宽了诗意空间，感觉艺术是在构建无形的精神世界。罗素夫人第三次送来了咖啡，徐志摩不经意间看了一眼窗外，不知不觉就到了晨曦微露。

有一只鸟儿，在浪漫主义诗人徐志摩的诗歌中，成为一种游荡的声音，那是一种看不见的精灵和一种神秘的情感。当最低微的花朵都有思想，深藏在眼泪达不到地方时，他终于明白了观感、认知、表现三者合而为一的创作行为，才是浪漫主义的真质。

那是怎样一种生命的原动力啊！博大、宽阔和深入。徐志摩对心灵和艺术的探求、冒险一样进入精神的陌生领域以及人类内心境况的边缘，去和诗神对话。义无反顾地违背了父亲让他成为经济学家和金融寡头的旨意，在无数个不眠之夜，在拜伦和雪莱的诗情画意中，实现着彩虹般的梦想。

"徐先生是一个有很高文化修养的中国籍大学肄业生，也是能用中、英两种文字写作的诗人。"这是1959年80多岁的罗素分类编辑他的书札时，在徐志摩的书信一栏中写下的话。这足以看出，他们之间友谊的珍贵。

精神是没有疆域之别的。徐志摩为罗素的智慧和人格魅力所倾倒，他敞开毛孔和心灵，任其浸润，一股暖流呼啸而来，荡漾在血液里的诗情画意像潮水一样涌来。在寻找真理的路上，他仰望梦里江南故乡大地上那棵冬天挺立的梅，眼里涌动着热泪，感觉自己的那颗心，被知己的手指轻轻地抚摸。这个时候，他会搂着月光，打开灿烂的梦，林徽因的影子便进入了他的梦乡，宁静如月的心事，飘泊追寻。

山青青，水碧碧，高山流水遇知音。徐志摩时常陶醉于那些与罗素刻骨铭心的相聚中，回国后，他仍然牵挂着遥远国度关爱自己的挚友，那个理解和鼓励自己的，在异域他乡的知己。他曾经给予他温暖的海洋，那是思想的融凝，那是心灵的相通，那是灵魂的交融。

不死时间

人生在世，知己和爱情一样可遇不可求。

华盛顿说："真正的友情，是一株成长缓慢的植物。"

夜的巢穴，静谧；梦的呓语，温馨。一代诗人徐志摩在感情阴影里徘徊，如月的心事，就像江南故乡百花园里，那朵盛开的蓝色勿忘我花，淡淡的幽香飘来，让他沉醉。

剑桥历史悠久，人文荟萃，向来以文风鼎盛而闻名于世。当徐志摩把脚步停在这"文章节义之邦，人文渊源之地"的剑桥，看见了友谊的花瓣从冰融的峡谷流淌下来。美丽得清逸绝尘的、在世界近代文学史上享有"短篇小说大师"之称的英国女作家曼斯菲尔德，款款朝他走来。

他庆幸他有如此的友谊，曼斯菲尔德的人格魅力辉耀着他。

他也庆幸他日后的诗歌有着如此的光芒，那是他文采之光辉映的结果。

认识曼斯菲尔德，被徐志摩称为"那二十分不死的时间"。

在这"不死的时间"中，曼斯菲尔德的人格光辉，就像一轮新月彻底地照亮了他的人生。

静影沉璧，早已是诗人生命的寄托和向往。

那么，他去见曼斯菲尔德又是怎样的情景？

那个夜晚，绵雨纷飞，打湿了徐志摩泛着涟漪的心，他独自冒雨来到海姆司堆特，看见路边树叶上的雨珠黑着妩媚的眼睛，那被揉搓的心脏，流出带血的泪珠，和夜雨一样飘荡。

徐志摩踽踽而行，走在回街曲巷的伦敦，屡屡探问行人，寻找着彭德街第10号。

夜花朵朵，花灯璀璨。雨幕下，徐志摩在急急寻找什么人呢？从他问行人的话语里，我们知道了，他是前来拜访英国女作家，有着世界近代文学史上享有“短篇小说大师”之称的曼斯菲尔德，即徐志摩所说的曼殊斐儿。说到曼斯菲尔德，不得不提到麦雷，也就是曼斯菲尔德的丈夫。

麦雷是诗人和文艺评论家，当时任《雅典娜神庙》杂志的主编，和徐志摩交往密切。在伦敦的 A. B. C 茶室里，常常见到两个人品茗讨论英法文坛状况、中国文艺复兴趋势和俄罗斯文学。麦雷知道徐志摩慕名自己的妻子，于是就在1922年7月妻子从欧洲大陆返回伦敦短暂停留之际，安排了他去家里拜访。

难道，所有的飞翔都是为了翅膀？所有的流浪都是为了栖息吗？迷雾苦雨中，徐志摩在曲曲弯弯的街道上走着，潮湿着的心，已有热度膨胀。黑暗中，他终于看见了他要找的那扇门，伸出手去敲门，门吱嘎一声开了，如同一声叹息，他看见麦雷露出脸来，欣喜爬上他的心头。麦雷高兴地将徐志摩请进屋。

狼狈的徐志摩拿着雨伞和几卷中国字画，跟着麦雷进了右边的一间屋子。麦雷告诉他，妻子曼斯菲尔德身体虚弱，不能下楼来。徐志摩听了，心里很失望，直叹自己的运气真不好。

看时针已经指向十点半了，他只得起身告别，麦雷陪他走出房门，并帮他穿雨衣。徐志摩一面穿衣，一面表示想见曼斯菲尔德一面的愿望。

麦雷说："如果你不介意，不妨上楼去见见。"

徐志摩喜出望外，立即将雨衣脱下，跟着麦雷走上了楼梯。

进门，介绍，前两位客人退出，徐志摩坐下，曼斯菲尔德就坐在他的对面。见到了她，徐志摩一下子惊呆了，他看见了清逸脱俗的女神，伫立在眼前，光芒四射，魅力无限。他本来只是抱着对一个有名的传奇女作家的景仰与期望，以为她和当时他所见过的伍尔夫、麦考利等女作家一样，绝对没想到她有那样高雅绝尘的美丽。

徐志摩目瞪口呆。

红烛高燃，人性的精华，纯粹的美感，是上帝所赐予他进入天堂的秘密钥匙吗？是给他灵魂的仓库又增加了一份宝藏吗？他不知道用什么语言去描绘当时的情景，他的言辞已经捉襟见肘了。

世界上任何的语言，在此刻都是苍白的！

徐志摩在回忆曼斯菲尔德的美文《曼殊斐儿》中，描绘了她的形象。她穿着锃亮的漆皮鞋，闪亮的绿丝袜，枣红丝绒围裙，嫩黄薄绸上衣。领口是尖开的，胸前挂着一串细珍珠，袖口齐及肘弯。一头短短的黑发，仿效中国妇女，直而不卷，梳得整洁光滑。她的头发之美是他生平所仅见的。

他说那是他初次、然而不幸也是最后一次见到她。

徐志摩为一种纯美所震撼。

自然，徐志摩拜见曼斯菲尔德，收获颇丰。

她的美，让他赏心悦目；她的才华，让他驻足，仰头。

文学的审美，再一次填满他内心的空白。他多想再次跪求这圣洁的魂灵，带他走进圣洁文学殿堂。

窗外，细雨霏霏；屋内，谈兴热烈。

彼时，曼斯菲尔德患着严重肺病，说话很费劲，谈兴却很好，从对英国当时最风行的几个小说家的作品的评论，很快就转移到中国现实上来。她告诉徐志摩，她刚从瑞士回来，她常和邻居罗素谈中国，她对中国的景仰和爱慕达到了某种热忱，她特别喜欢阿瑟·韦利翻译的中国诗，她说中国的诗艺在西方是一个极妙的启示录。她问徐志摩译过中国诗吗？徐志摩说，他还没有翻译过中国诗。她就再三劝他尝试一下，她认为中国诗只有中国人才能翻译好。她还问徐志摩是否喜欢哈代、康拉德的作品，并说，过去的文学名著中有优秀文学、真正的艺术，是取之不尽的艺术之库。

对于徐志摩回国后的打算，曼斯菲尔德似乎很关心。她希望他不要投身政治，她说现代政治世界，充满了杂乱的残暴和罪恶。当谈及自己的著作时，曼斯菲尔德认为自己的作品讲求的是纯粹的艺术，大众性不是她所追求的。

徐志摩表示有机会也许会试译她的小说，所以他很愿意先征得她本人的许可。曼斯菲尔德很高兴地说她当然愿意，于是，徐志摩接受了翻译她小说的重托。1924 年 11 月，徐志摩回国后和陈西滢共同翻译的小说集《曼殊斐儿》出版。1927 年 4 月，他独立翻译的《英国曼殊斐儿小说集》出版。1930 年 9 月，他翻译的她的小说《苍蝇》在《长风》杂志上发表。

走出曼斯菲尔德那间温馨的、诗情画意般的房间，那个励志做中国的“汉密斯顿”的徐志摩渐行渐远了，在那“不死的时间”里，迅速成长起来的一位新月派诗人，正款款地朝我们走来。

1923年1月，曼斯菲尔德病逝，魂归仙宫。徐志摩闻讯失声痛哭，吟道：

> 我昨夜梦入幽谷，
> 听子规在百合丛中泣血，
> 我昨夜梦登高峰，
> 见一颗光明泪自天坠落。
> ……
> 我哀思焉能电花似的飞骋，
> 感动你在天日遥远的灵魂？
> 我洒泪向风中遥送，
> 问何时能勘破生死之门？

哀思中，徐志摩跌进了冰冻的岁月，他想起临别时，和曼斯菲尔德约定，来年夏日，瑞士相见。可如今，天使一样的曼斯菲尔德在哪里？

康桥情深

康桥，一个美丽的地方。

那一场美丽绝伦的爱情，就发生在康桥。

可又有谁知道，徐志摩的康桥深情，是怎样独守着那博大、悠远的诗情意境，他抚平忧郁和彷徨的往事，在中国大地播撒下西洋文学的火种，他笔尖流淌的情愫泯灭不掉另类的思维。

“康桥，谁知我这思乡的隐忧？也不想别的，我只要那晚钟撼动的黄昏，没遮拦的田野，独自斜倚在软草里，看第一个大星在天边出现!”

徐志摩站在康桥风情里，是在眺望江南故乡葳蕤的春天吗?那淡阔宁静的山水间，仿佛有一只手，理清了时光的纹络。那孤独的岁月，凄清的痛苦，毅然决然的选择，清晰得令人惊愕!

生命的尽头是什么?为何走不出怀旧的节拍?

徐志摩徘徊在康桥，那场绝恋让他陷入思念之苦，试问，谁能从爆发的火山一样的情感，一下子冷却为冰湖?徐志摩梦回萦绕，在反射的光照里灼伤了自己。徘徊中，他吟着“问世间情为何物，直教人生死相许。”踟蹰中，他一头扑进大自然，栉风沐雨，天空上那一片云，移动着浪漫的情思，追随着诗神缪斯，独守自己的热量，跪拜天地。

康桥，你是美轮美奂的。那是一代才子徐志摩，追求个性解放的脚步，在凄凉的月缺之时，盛开的理想生命的花朵。

诗的性灵，浸润了徐志摩的心灵，在忧郁和苦闷中，点燃了诗歌的火焰，在欧风美雨中，受到伟大力量震撼的生命，牵手名流，像一棵阅尽沧桑的树，在一股奇异的风中，爆发了山洪般的诗情。

徐志摩内心的宇宙，唤醒了光阴和新月，和着不能割断的情丝，在一声叹息里，指间落下缤纷的诗歌花雨。

终于，徐志摩开始了他的诗人生涯。

分行的抒写，就像使命随飘过的云影，一瞬漫过一瞬，他真的是高空的那片云，以形体的变化，以彩虹的绚丽，揭示着人间的奥秘，哲人一样，在变化中永生，在变化中舒展着命运。

午夜，万籁俱静。徐志摩站在康桥住处的小阳台上，望着暗色的天空上的一轮新月，淌动着一湖涟漪，人生好梦，为什么总是不能圆满呢?

那是叫孤独的东西，像一张巨大的网罩住了他。张幼仪在的时候，尽管两个人同在一个屋檐下，但她始终未能走进他的内心。她走了，徐志摩再也没有了羁绊，却成了世界上一个落单的人；心中的女神林徽因也走了，留给他的是无边的牵念、美妙的幻想和一颗空寂泣血的心。只有笔下的诗，温暖着他的心音，丈量着心头缠绕一生的愁字。

春夏秋冬，那四季的风啊，哪一缕是苦吟的莲香？哪一缕又是渴望的爱情？

那搁浅的愁绪，唱响了寂寞的心，也唱醒寂寞的莲花。

旷世才子在康桥美丽的景致中，隐藏的情感，成就了一阕极美的宋词。

一生的际遇，究竟是谁策划的呢？徐志摩还清醒。人的命运始于性格，性格决定命运。如果他庸常，可以去过平凡而寡淡的日子，做柴米油盐的烟火夫妻，他就不会和张幼仪分手；如果不是执意追寻灵魂之伴侣，他就不会有今天的孤独和失意。

感情是这样，求学也是如此，他可真是性情中人。

我们都知道，最开始徐志摩扔掉美国唾手可得的博士学位，跑到了英国。1922 年 3 月，徐志摩在英国由剑桥大学皇家学院的特别生转为正式研究生。皇家学院给他的评价相当高："持智守礼，放眼世界。"可就在同年的 8 月，他突然决定回国，就像当年扔掉哥伦比亚大学的博士学位一样，扔掉了剑桥大学皇家学院的博士学位。

为爱？为情？还是为了文学？匪夷所思吗？这就是诗人的率性而为吗？

应该不是，康桥，是他从政治经济学者朝着诗人转变的摇篮。

徐志摩在苦闷、彷徨的时候，信步走在康河岸边，那美丽的水，哗哗地在脚下流淌；那星光下的水声，邻近小村的晚钟声，河畔倦牛的刍草声，让他陶醉；一种神秘、优美、宁静、协调，荡漾在星光与波光的默契中。自然风光，明亮溢香。他的梦幻花朵一样地绽放了，空灵的诗情画意呈现在眼前。

在康桥，徐志摩频频与名流交往，在黑方巾、黑披袍的风光里，逐渐蜕变。他的梦影里，仿佛有一簇簇的花渐次开放，晶莹剔透如玉一般，他惊喜地漫步于康河边浪漫的情调里，让坚硬的镜头在风中变软。

文学之思，像一束燃烧的火焰，点燃了他热烈的追求和向往，照亮了他的人生孤旅和生命的苍穹。

“我是一个生命的信仰者”，徐志摩被康桥的风情之火点燃，就像春天的画眉在零落的青枝上初试它的鸣声，那一朵小雪球花挣破半冻的地面，新来的潮润沾上了寂寞的柳条。

康桥给了徐志摩生活的自信，也让他握住了诗神缪斯的手。

“我这一辈子就只那一春，说也可怜，算是不曾虚度。就只那一春，我的生活是自然的，是真愉快的（虽则碰巧那也是我最感受人生痛苦的时期)!”

记住康桥吧。

康桥收留了他孤寂的灵魂，这已足够。

在康桥的日子，徐志摩是幸福的，散步、划船、骑自行车、抽烟、闲谈、吃五点钟茶牛油烤饼、看闲书。一首别致的小诗，从他的笔端流淌而出，以至人们耳熟能详。

正是康河那充满灵性的水，开启了诗人的性灵，《再别康桥》是徐志摩诗作中的绝唱。他与康桥对坐，至深的情怀，已经幻化为西天的云彩，他是在暗喻不再做中国的“汉密斯顿”，不再做经济学家亦或金融寡头，而是沉静在拜伦、雪莱的情思中，醉卧在康河的柔波里，甘心做一条水草。去为爱而生，为爱而死。

没有什么力量，能够改变他的方向。

从此，中国诗坛尽是你——徐志摩的传奇。

浪漫西湖

初秋的夜晚，清凉如水。

站在故乡老宅那白色的屋宇雕花的窗前的徐志摩，静静看着墨蓝色天空上，那一轮装满心事的圆月。生命已被牵引，潮起潮落着谁的呼唤？

感情的缺失，忧伤的缠绕，让浪漫诗人徐志摩低垂下目光，忘记了那温暖的来路。他听见了那呼唤的真诚，张开翅膀，和大地一起呼吸。诗情迎着千株桃花的烂漫，春天的明媚为他准备了精彩的心境。生命热烈，飞花成冢。

就在这时，胡适走了进来，递给徐志摩一封电报。他扫了一眼，心脏紧缩了，痛苦袭上心头：祖母病危！他简单地收拾下行装，坐车回家，那个江南水乡温润湿碧，为何不留祖母在？路上雨大风急，发了大水，铁路被冲坏了。等待！焦急的等待！一颗心，以风声，以水响，冲击着他痛苦的心，祖母慈祥的面容定格在脑海里。四天后，他风尘仆仆回到家，扑倒在祖母病床前。祖母终究还是去了。

在守孝期间，徐志摩邀约朋友游西湖。他的散文《西湖记》记录了他的西湖情节。他说，生活态度骤然改变了许多，虽不能说是从忧愁变到快乐，至少也是从沉闷转成活泼。

早晨，晨曦微露，父亲徐申如早早起床，叫人收拾干净游船，然后，让徐志摩叫上沈叔薇一起出去玩一天。他们坐游船到东山背后，过榆桥转到横头景转桥。

很快，徐志摩郁闷的心情被青山绿水一扫而光，他愉快得像个孩子，“咋咋呼呼”地活跃起来。在塔影河的两岸，他寻觅到了一两片经霜的枫叶，那没有完全红透的叶子，似乎告诉他心系大地，已魂归春天的故里。

徐志摩翻山上去，在宝塔边遥望周边景致，经过濯洗的心灵，催生了万朵鲜花，在寂静的万里长空，摇曳着。那时暝色已经渐深，天边只剩淡淡的青白色，月亮已经升起。他们慢慢地绕着塔院的外面下去，然后在问松亭里喝酒。湖心船上月下酌酒，别有一番情趣，还真胜花间哪壶酒呢。酒后，几个人嬉闹着划船来到钵盂峰菱塘，买了鲜翠的菱，吃起来。菱，青的，红的，如同莲藕，壮硕着饱满的激情。红叶在他的心里，芳芳出场，像花的姿态，在春风里袅娜。徐志摩挑了几只嫩青的，带回家给他母亲。她的惊喜，让徐志摩满足高兴。

江南水乡潋滟的水波，悄然打开了徐志摩内心的漪光，在这盈盈的时光里，风貌如洗。随后，徐志摩到杭州的烟霞洞看望养病的胡适。中秋节的晚上，他们在湖上喝酒赏月，月儿若隐若现的，像一丝丝的疼痛安抚着霓虹闪烁的尘世虚幻，梦想在回忆里慰藉着昨日的伤痛。

终于月明星稀。苏堤上，有徐志摩的身影，在看月望湖，切入时光的视角，静看季节隐喻成秋风飞翔的流动。当年大诗人苏轼在湖上游宴。起初，阳光明丽，后来下起了雨。雨意西湖，山中云雾朦胧，飘飘渺渺，显出别一番奇妙的景致。善于捕捉领略自然美景意境的诗人，写下了西湖的晴姿雨态。他用奇妙的比喻，写出了西湖的神韵：“欲把西湖比西子，淡妆浓抹总相宜。”如此，“西子湖”也成为西湖的别称。

徐志摩一行人雇了船，兴高采烈地向湖心进发，然后上岸买栗子吃，买莲子吃；坐在九曲桥上谈天说地。谈起湖上的对联，骂了康有为。忽见桥上，有三个人对坐饮茶，几上的青花瓷茶碗，在月下闪着莹莹的光。忽听老翁涩重熟悉的语音，定睛一看，原来就是康大圣人！

徐志摩和文人墨客们一起流连于烟霞洞、雷峰塔、斜桥相会，镇海塔下的观潮，三潭赏月，湖心亭看晚霞，西湖的芦荻与花坞的竹林，神仙之居绿洲阮公墩，景致都妙不可言，令人沉醉；壶春楼饮酒，徐志摩对着初升在晚霭里渐渐皎洁的明月，银辉洒在湖面上，他仿佛听着了爱人的裙裾飘动似的，霎时呼吸紧迫，心头狂跳；躺卧在草地上朗诵斐德的“诗论”与哈代的诗，好不惬意；与胡适、朱经农，步行到民厚里121号拜访郭沫若，感慨他的生活状况，写诗《灰色人生》。

游完西湖，朱经农走了，胡适回了上海，性情中人徐志摩伤感了：“沉沉的宇宙，我们的生命究竟是个什么东西？我又摸住了我的伤痕。星光呀，仁善些，不要张着这样讥刺的眼，倍增我的难受！”

若隐若现的足迹，掀开风雨的沧桑，悠然的文字扑面而来，那是徐志摩的散文《西湖记》，梦境里的休憩，在寂寥的秋天，泛着镰刀收割的喜悦。

守着一段风景，诗人徐志摩的故事情节已经再次铺展开来，那是燃烧的沉醉的豪放，击退颓废低迷，在时光里，委婉着诗歌的芬芳。

第五卷 漫步红尘烟雨中

江南烟雨，滋润着徐志摩无悔的诗心；硖石镇雨后天空的彩虹，给了他梦想和灵感；古老小城，把灵气和才智，以及幽深的历史、文化底蕴，全都倾泻给了他。

于是，徐志摩成了大诗人，作为新月派诗人的代表，中国诗坛的一座巨峰，位于民国四大才子之首。

徐志摩把“爱、自由、美”作为自己的理想，把整个生命都融在诗歌里。

深知无缘牵手林徽因的他，将一颗心完完全全交给了他的“新月”。月是新的，作为新时代的诗人，他不管这个世界是喧嚣还是静谧，他都深信理想的人生必须有爱、自由和美；不管是成功，还是失败，他都筚路蓝缕，梦想着他的梦想。

他激情永远，漫步一样地行走于红尘烟雨中。

没有徐志摩的诗坛是寂寞的。

当时代的风云变幻莫测，他却轻轻地托起那枚新月，再赴欧洲拜会诗圣哈代，倾情副刊，思索自剖，如同一片片森林鲜亮的绿叶，一束束燃烧的火焰，点燃了热烈的追求和向往，照亮了他生命的苍穹，也照亮了诗歌的天空。

陪伴文豪

徐志摩对曾荣获诺贝尔文学奖的大文豪泰戈尔的崇拜之情，无以复加。对泰戈尔的《世界上最远的距离》的诗歌，他不知读了多少遍，牢记在脑海。于是，他释然了，放下了："我将于茫茫人海中访我惟一灵魂之伴侣，得之，我幸；不得，我命。如此而已。"

1924 年的夏初，泰戈尔访华，作为翻译的徐志摩，全程接待，陪伴在世界大文豪身边，两人忘年交般的友谊，在中印文化交流史上留下了一段佳话。

聆听泰戈尔的演讲，徐志摩如醍醐灌顶，仿佛在火焰里采摘了那阴郁的日子，太阳的牧歌穿透了明亮的哨音。

时间回到 1923 年初，泰戈尔的好友和英籍助手恩厚之来到北京，对徐志摩和翟菊农说了泰戈尔有来访华的意向，徐志摩高兴极了，赶紧将此事告诉了讲学社。于是，讲学社正式邀请泰戈尔来华访问，并委托徐志摩主理各项具体工作。徐志摩开始与泰戈尔以及恩厚之联系，欣喜地投入了接待泰戈尔的前期准备工作中。夜晚，当华灯初上，生命打开，徐志摩的思绪开始在云月中穿行，他的笔尖移动，唰唰有声，那是笔尖划动纸张的声音，在他的心上流淌而过。于是，《泰山日出》《泰戈尔来华》《泰戈尔的确期》等文章陆续在报纸上刊出，由此引发了各大报纸热火朝天的炒作。

诗圣泰戈尔的来华，带着吉檀迦利的深邃思想和艺术，让本来激情四射的徐志摩燃烧起来，在这个美好的瞬间，他拉开欢迎的大幕，呼唤，情深意长。

诗人、艺术家的生活往往集中在外人捉摸不到的内心境界，泰戈尔的伤痕也都在奥密的灵府中。

徐志摩个人最大的盼望，是体悟泰戈尔诗化的人格，领略他充满人格的诗文。

他就这样如鸟儿一样慢慢地张开了双臂，朝着泰戈尔来的方向，迎了上去。他热烈地写信给泰戈尔，提前翻译了他的讲稿，听说泰戈尔患病，还帮他推迟来访的时间。

徐志摩英姿勃发，活力四射，他看见了朝阳“咄咄逼人”的明亮和热情，清晨东方的云霞，因为阳光的灿烂而显得清澈通透，光华四射。

他守在信仰情感的渡口，等待着泰戈尔的到来，虔诚如诗。如执月之手，在洁白与幽暗之中，印证着那个长长的向往。

1924 年 4 月12 日，泰戈尔一行乘坐“热田丸”号轮船来到上海。

清晨的汇山码头，热闹非凡，徐志摩、瞿菊农、张君劢、郑振铎等人，恭候泰戈尔的到来。

上午 11 时，“热田丸”号朝着码头徐徐驶来，近了，更近了。

徐志摩看见年逾花甲的泰戈尔，身穿棕色长袍，头戴红色软帽，银白胡须微微拂动，面带笑容，伫立在甲板上，向欢迎的人群双手合十致意。

他的眼里，泪光闪闪。

船近岸了，欢迎者都向船上一行脱帽致敬，印度人排成一行，齐声唱起欢迎的歌曲。船停了，等候的人群簇拥而上，围住了泰戈尔，热诚地把花环戴到他的脖子上。

徐志摩疾步向前，握住了诗圣泰戈尔的手。他听到了云和风的对话，一梦千年。

你是一条奔涌的河流吗？从遥远的印度，一路吟唱。奔腾着，飞舞着，音韵悠长；你是一只不知疲倦的飞鸟吗？飞过万水千山，站在我的窗前鸣啭歌唱。

“世界上的一行小小的飘泊者呀，请留下你们的足迹在我的文字里。”

曲径通幽。徐志摩心里那条深深的记忆走廊，在江南斑驳的青石板小巷里，数百年的小桥上，沉淀着泰戈尔精彩的故事。

徐志摩青春着，惬意着，诗情如花，如醉如痴。

泰戈尔访问期间，徐志摩陪他游览了龙华古寺，去上海参加 Sikhs 教派的印度人在闸北一寺院欢迎泰戈尔的集会。午后的阳光热烈而温暖，集会结束后，徐志摩陪泰戈尔由闸北赴慕尔鸣路 37 号张君劢家参加茶话会。现场气氛令人感动，一百多人或坐在花园的草地上，或坐在草地的椅上，望着坐在大家当中的世界大文豪泰戈尔，身后高大的盆花，一座围屏似的衬托着他，热闹而富有诗意。

接着，徐志摩和瞿菊农陪泰戈尔一行前往杭州，游览了美丽的西湖，并在杭州的千年古刹灵隐寺讲演，讲题为《飞来峰》；两天后，上海文学研究会、江苏教育会等二十多个团体在商务印书馆图书馆大厅举行欢迎会，场面极为热闹，一千多人到会场聆听了泰戈尔的演讲。随后泰戈尔离开了上海，在南京、济南两地稍作停留并作了两场演讲，反响都很热烈。

23日，泰戈尔到达北京。当火车进站时，梁启超、蔡元培、胡适、蒋百里、林长民、陈源等学界以及政界名流已守候在那里。泰戈尔穿青色长袍，戴绛色冠，苍髯满颊，令人肃然起敬。欢迎者群聚车旁，鼓掌欢呼，泰戈尔则举手为礼，下车后欢迎者群拥而行。

26日，梁启超、蒋百里等在北海静心斋设宴欢迎泰戈尔一行。北京文学界也为泰戈尔举办了盛大的欢迎会。欢迎泰戈尔访问的集会在北京天坛举行。梁启超首先致欢迎辞。接下来是由林徽因右扶、徐志摩左搀簇拥登上讲台的泰戈尔演讲。

5月8日，是泰戈尔的64岁生日，一场别开生面的祝寿会，让大诗人在中国度过了一个不平凡的生日。徐志摩是组织者。

祝寿会由胡适主持，寿礼是十九张名画和一件名瓷，以及为诗人献赠一个中国名字。

赠名典礼由梁启超主持。梁启超说，泰戈尔名字拉宾德拉的意思是“太阳”与“雷”，如日之异，如雷之震，所以中文应当译为“震旦”。而“震旦”恰好又是古代印度称呼中国的名字，泰戈尔中文名为“震旦”，也就象征着中印文化悠久结合。如果再按照翻译规则名字前要加上姓氏，泰戈尔的中文名字前也要加上姓氏，印度古称“天竺”，因此泰戈尔的中国名字，就应当为竺震旦。在一阵热烈的掌声中，泰戈尔当场获得了一枚刻有“竺震旦”的大印章。

而徐志摩的新月社排演的泰戈尔的名剧《齐德拉》，把祝寿会推向了高潮。

剧中，林徽因饰公主齐德拉，张歆海饰王子阿俊那，徐志摩饰爱神，林长民饰春神。梁思成画了本剧的舞台背景。演员们动情的演出以及舞台上映出的“新月”影像，表达了新月社向《新月集》的作者泰戈尔致敬的意思。

泰戈尔的感动，如同烟波深处的涟漪，在跳荡的苍茫里，闪现那轮新月的辉光。

泰戈尔在北京停留的最后几天，徐志摩陪他游览了法源寺。初夏时节，丁香盛开，徐志摩诗兴大发，曾在树下做诗一夜。梁启超写了对联纪念此事：“一临流可奈清癯，第四桥边，呼棹过环碧；此意平生飞动，海棠影下，吹笛到天明。”

泰戈尔走了，徐志摩陪他去了日本，并写下了他脍炙人口的小诗《沙扬娜拉》。至此，不同国度的两代诗人洒泪而别，并相约来年在欧洲相会。而泰戈尔在华演讲的主要内容，编为《在华谈话录》，于1925年2月在印度加尔各答出版，扉页上写着：“感谢我友徐志摩的介绍，得与伟大的中国人民相见，谨以此书为献。”

天涯诀别

“世界上最远的距离，不是生与死的距离；而是我站在你面前，你不知道我爱你。”诗圣泰戈尔的这句诗，曾感动了世间无数恋人。

徐志摩在访灵魂之伴侣的路上踟蹰而行。芳心自在，在含而不露的枝头，延展透骨的灿烂。

徐志摩和林徽因到底是否相恋？我们不得而知，但徐志摩是爱林徽因的。他一次看见她，仿佛从荷塘深处窜出一束灿烂的火焰，从此，她成为他心中女神。那么，林徽因是否爱过徐志摩呢？康桥绝恋，16 岁的林徽因对爱情朦朦胧胧，从她把徐志摩给她的信，惊慌失措地交给父亲处理这件事来看，她是没有和徐志摩谈恋爱的意愿的。而徐志摩不同，他是真的爱了，林徽因就是他心中的女神，是他灵魂之伴侣。当他追到德国和发妻张幼仪办理了离婚手续后，便急着赶回康桥，无奈早已是人去楼空。

林徽因的不辞而别，在徐志摩的心里掀起了巨大的波澜。不久，他放弃了唾手可得的博士学位，沿着江南故乡的方向，去寻他的伊人。

只是，千帆过尽，穹空高远。

那么，林徽因有爱过徐志摩吗？哪怕只是一个刹那间的念头？在徐志摩逝世后，世间便流传开两个人相爱的故事，是八卦还是确有其事？如果林徽因爱徐志摩，那么，她为什么没有选择他？起码，林徽因是知道徐志摩爱她的，她曾说："徐志摩当时爱的并不是真正的我，而是他用诗人的浪漫情绪想象出来的林徽因，可我其实并不是他心目中所想的那样一个人。"无疑，林徽因是冷静的。

大文豪泰戈尔访华，在北京的欢迎集会上，林徽因右徐志摩左地簇拥他上台讲话，一时间，两个人情事再次被媒体炒作，徐志摩旧情复燃，烈火一样烈烈燃烧。

接着两个人分别扮演泰戈尔的名剧《齐德拉》里的男女主人公，徐志摩和林徽因是一对金童玉女的传说，越演越烈。

痛苦中，徐志摩对泰戈尔倾诉了他的爱情，那爱如怨如诉，像被火焰灼烤，快要把他烧化了。老诗人大为感动，想从中做媒。他为林徽因作了一首诗：

> “天空的蔚蓝，
>
> 爱上了大地的碧绿，
>
> 他们之间的微风叹了声‘哎！’”

只是，林徽因再一次关闭心扉，又一次避开徐志摩火一样的爱情，并告诉他，她下个月就要与梁思成去美国留学了。男未婚，女未嫁，林徽因最终还是没有选择徐志摩。

5月20日，徐志摩陪同泰戈尔一行离开北京去太原。

黄昏时分，列车快要启动了。泰戈尔从车窗向送行的人们双手合十，频频致意。

徐志摩顾不得挥手告别。他把满腔的离愁别绪倾泻在信纸上：“我真不知道我要说的是什么话，我已经好几次提起笔来想写，但是每次总是写不成篇。这两日我的头脑只是昏沉沉的，开着眼闭着眼都只见大前晚模糊的凄清的月色，照着我们不愿意的车辆，迟迟地向荒野里退缩。离别！怎么的能叫人相信？我想着了就要发疯，这么多的丝，谁能割得断？我的眼前又黑了！”

车站上，林徽因静静地伫立在熙熙攘攘的送行人中，她知道徐志摩在给她写信吗？列车缓缓蠕动了。徐志摩泪流满面。有谁知道，那晶莹的泪珠，源自内心深沉的痛苦？兰心蕙质的林徽因牵引着他的思绪，游走于邈远的天外，寻找他唯一的灵魂之伴侣。

胡适大声喊道：“志摩哭了！”恩厚之见徐志摩太伤感，一把将信抢了过来替他藏起。

爱，有时也是一种错！

也许，得不到的，就是最好的。岁月流转，徐志摩辗转反侧，心想之，梦望之。心中的女神成为诗人永恒的素材和梦想的寄托。

爱情的流云，拂过徐志摩苦涩的心空，他伸出双手，去遮挽爱情的吉光羽片，却不曾够到，那灵魂之伴侣好像是天际的一片云彩，可望而不可及。他只好摇动寂寞的双桨，泅渡冰冷的生活。

痛苦中，有诗句从他的心里流出：

“原以为一等百年
只一个转身，满眼荷已残
六月的繁花不再
潭水里可盛开曾经的笑颜
还是那支芦苇？摇曳风中
谁在呼唤，小桥归鸟盘桓
多想揽一缕炊烟
夕阳下，野菊花独自灿烂
徘徊？山高路远
梦里可见那袭褪色的衣衫”

这唯美的诗句，是浪漫诗人徐志摩对爱情的呼唤。回味那美和自由的理想，绵长而感人，如同潮起潮落的大海，隐藏于委婉含蓄中的荡气回肠。

1931 年 11 月 19 日，三十五岁的徐志摩从上海飞往北京，去赴林徽因为外国客人举行的艺术和建筑讲座，不幸所乘飞机遇雨触击南开山，机毁人亡。

天涯诀别，那里生长着江南故乡葱郁而蓬勃的想念吗？

那一首首从心河上流淌出来的诗句，盈满着感天动地的爱恋之语，成为中国诗史上震撼心魂的杰作。

想林徽因若与秋水对坐，在时间的深处，在天空的那片云里，一定可以听到他的喜怒哀乐。她在悼词中说："我们的作品会不会再长存下去，就看它们会不会活在那些我们从来不认识的人，我们作品的读者，散在各时、各处互相不认识的孤单的人心里……"

"朋友，你不要过于看轻这种间接的生存，许多热情的人会为着你的存在，而增加了生的意识。伤心的仅是那些你最亲热的朋友们和兴趣相同的努力者，你不在他们中间的事实，将要永远是个不能填补的空虚。"

仓央嘉措曾在一首诗里说：

"我问佛：如果遇到了可以爱的人，却又怕不能把握该怎么办？

佛曰：留人间多少爱，迎浮世千重变

和有情人，做快乐事

别问是劫是缘。"

一轮新月依旧，月的眸光里，有他真诚的诗句和爱情，温暖而深厚。

他若离去，后会无期。

情感信使

"黯然回首花尽处，一抹清香红颜来。"

对于幸福，每个人都有每个人的衡量标准。也许，每一颗心生来就是孤单而残缺的。

一次一次经历了相逢与分离的徐志摩，此时他的心魂，早已被新月穿透。轻叩江南故乡老宅的柴扉，他看见院中那棵桂花树，还是以前的模样；池塘的莲花依旧娇媚，只是他那颗曾无比轻快的心已不复存在，只有指间响动的四季风声，搅动着他沸腾的心事，抚慰这些失落的光阴。

洞箫呜呜咽咽地传来，像窗外潺潺的水声，由远而近，抵达他生命的荒原。他还能和心中的女神相逢吗？相逢了又能怎么样？

爱情，折磨人的爱情，为何不能让人少尝一些苦涩，多给些甜蜜？

徐志摩妄自嗟叹，空劳牵挂，“若说没有奇缘，今生偏又遇到她，若说有奇缘，如何心事终虚化”。

当年，徐志摩扔掉唾手可得的博士学位，突然决定回国，真的是为他心中的女神吗？人们从他写的一首题为《为要寻一个明星》的诗中似乎可以找到答案：

> 我骑着一匹拐腿的瞎马，
> 向着黑夜里加鞭；——
> 向着黑夜里加鞭，
> 我跨着一匹拐腿的瞎马！
> 我冲入这绵绵的昏夜，
> 为要寻一个明星；——
> 为要寻一个明星，
> 我冲入这黑茫茫的荒野。
> ……

这“一个明星”是谁？人们在猜测，是他的目标、向往？

还是一个女人，一个红颜知己，一份刻骨铭心的“爱”？

小桥，流水。犬吠擦亮夜晚，送走了泰戈尔，牵挂如网，密密的网住他；林徽因也走了，就像惊鸿掠过他的心空。

谁来点亮他热烈的追求和向往，照亮他人生孤旅和生命的苍穹？

徐志摩倚着那棵盛开着米黄色桂花的大树，望见新月升起，心里的彩虹横跨梦与现实。

理想凌空破碎，徐志摩的精神遍布黄昏。

在这场追寻灵魂之伴侣的梦里，他没能叩开心中女神林徽因的爱之门。疼痛、失望和百无聊赖的日子中，杜鹃啼血一样的泪水模糊了眼睛。

之后，失恋失意的徐志摩约上张歆海上了庐山，是疗伤还是修养？他一头扑进大自然，让旷达的大自然喂养自己的骨髓、肉体、灵魂和爱情。他的生命焕发出一种野性、豁达、粗犷和憨厚的风采。一种流泻而出的归属感渐渐地清晰起来，撩拔得几近贫瘠的诗思在心头震颤，对那轮新月饮一樽热酒，让已燃烧的躁动涌起狂澜。

爱需要打开一扇门，那是一个灵魂呐喊另一个灵魂的声音，不必回复，却可以燃烧。

在庐山上的那段日子，徐志摩完成了翻译泰戈尔访华的讲演稿和诗歌的工作。

他的疼痛暂且隐藏，傍晚散步，他落寞前行，如月的心事，一瓣瓣地打开，缀满了纯净的月光和各色花朵，那是他灵魂的日记，被清风翻开。张歆海忍不住劝说：“你这家伙，真是个情种，一刻也离不开女人的慰藉。一旦有了一个心目中理想的女人，马上便才思泉涌，没有了女人，便整天失魂落魄。”徐志摩认真地说："没有女人，哪有生活，没有生活，到哪里寻找诗、寻找美？我生来就爱美，美在哪里，在自然，自然中最美的是什么，是女人！女人是上帝最得意的作品。我不是神仙，对女人，我的爱慕有着情欲的成分，这个我承认，但更重要的是，那美丽女人的身上，寄托着我那'爱、自由、美'的理想。"

徐志摩仿佛误进冰冻的岁月，生鲜迷茫，他多么想歌唱，想爆发，想要像决口的洪水一样，把密封在心中的激情释放出来。

谁来填满他内心的空白，清洗俗世的眉眼？

一个半月后，徐志摩回到北京，失恋的痛苦，让他憔悴，他需要安慰，需要倾诉。恰在这时，凌叔华成了他理想的"通信员"。书信往来，长达两个月之久，在信中，徐志摩尽情地倾吐心中的悲伤和苦闷。

从某种程度上讲，凌淑华应该是徐志摩的红颜知己。

徐志摩尽情地向凌淑华诉述烦恼，谈天谈人；谈回家的苦恼，与父母亲的格格不入；谈一个人在山脚下鬼窝庐里的日子——看狗打架，看雨天露蒙里的塔影；谈他坐在"仙人石"上看月亮，到庙前听夜鸮与夜僧合奏的妙乐，再不然就去戏台里与寄宿的要饭大仙谈天；谈他在三叠涧，有一家寒碧楼，忘了是谁的藏书处，有相当不俗的客时，主人也许下榻。

倾诉找到了出口，就像开了闸的洪水汹涌而出，徐志摩在倾诉中疗伤、休整。他对凌叔华说："说也怪，我的话匣子，对你是开定的了，管您有兴致听没有，我从没有说话像对你这样流利，我不信口才会长进这么快，这准是×教给我的，多谢你。"其实，在他给别人写信的时候，常常是担心这担心那的，独独在给凌叔华写信时，他那自由的笔墨如同脱缰的野马，可以任意驰骋："我不怕你，因为你懂得，你懂得因为你目力能穿过字面，这一来我的舌头就享受了真的解放，我有着那一点点小机灵就从心坎里一直灌进血脉，从肺管输到指尖，从指尖到笔尖，滴在白纸上就是黑字，顶自然，也顶自由，这真是幸福。"

徐志摩情感的自由抒发倾倒给沉静的凌叔华，就像一条清冷澄澈的小溪，流向一条河流。

梦里的惠风，搂着冬末的碎冰，用友情把它捂化，春的舌头，舔化了冰凌。梦中，潮湿的雾霭一涌飘散，花朵斑斓浮现，渐次开放，馥郁的绿站在枝头，品饮春色。

感情的倾泻，让徐志摩的灵魂有了暂时的居所，自知甘苦冷暖。他把心中的女神珍藏在心里最隐秘的角落，静默和缓慢的让心里的伤口愈合。他知道，若心有感伤，这记忆便会因为重，而日渐漫长。

对于凌叔华答应愿意经常做他的"通信员"，徐志摩非常感谢。他说："你肯用你恬静的谐趣或幽默来温润我居处的枯索，我唯有泥首！我单怕我是个粗人，说话不瞻前顾后的，容易不提防的得罪人；我又是个重感情的人，有时碰着了枨触，难保不尽情的吐泄，更不计算对方承受者的消化力如何！我的坏脾气多得很，一时也说不尽。同时我却要对你说一句老实话。××，你既然是这样的诚恳，真挚而有侠性。我是一个闷着的人，你也许懂得我的意思。我一辈子只是想找一个理想的"通信员"。"我曾经写过日记，任性的泛滥着的来与外逼的情感。但每次都不能持久。人是社会性的动物，除是超人，那就是不近人情的，谁都不能把挣扎着的灵性闷死在硬性的躯壳里。日记是一种无聊的极思（我所谓日记当然不是无颜色的起居注）。最满意最理想的出路是有一个真能体会，真能容忍，而且真能融化的朋友。那朋友可是真不易得。单纯的同情还容易，要能容忍而且融化却是难。……我写了一大堆，我自己也忘了我说的是什么！总之我是最感激不过，最欢喜不过你这样温和的厚意，我只怕我自己没出息，消受不得你为我消费的时光与心力！”

绿黛红颜两相发，千娇百媚情无歇。

徐志摩在失意失恋后，与红颜知己凌淑华通信，让他重新找回了自己。

徐志摩感到了来自凌淑华的温暖气息，他握住了那只和他一起点燃生命之火的手。

由此，碎梦浮春，失恋孤独的徐志摩，终于找到了感情宣泄的出口，在百花开放的滚滚红尘，润出新叶出抽，拥挤着，寻觅春色的一粟姿容，给沉重的世俗生活插上飞翔的翅膀。

窗外的梧桐树叶被雨水洗得干净透明，颜色青翠。空气中弥漫着树和叶片的汁液清香。

徐志摩走出门去，迎着微风穿过江南故乡的青石板小路，去见那绿色的邮箱朝他张开的笑脸。

新月升起

“新月如佳人，出海初弄色。”苏轼的这一句很著名的诗，仿佛是写给徐志摩的。

1923 年，中国现代文学史上影响较大的一个文学社团——新月社，在北京成立。

新月，以“它那纤弱的一弯分明暗示着，怀抱着未来的圆满”。

徐志摩是崇拜泰戈尔的，新月社的名字，是他依据泰戈尔的散文诗集《新月集》命名的。

银色的月光，镀亮梦境，纯净，晴朗，一如雪落古寺。那一颗赤诚的诗心，端坐在月光之下，弹奏一曲动听的月光曲，听瘦了广寒宫里嫦娥的纤纤十指。

徐志摩在新月辉光的照耀下，领悟了辽阔和诗歌的根，打开广袤的忧伤。熟悉而深沉的歌声响起，一首诗，在心尖上，亮起了一盏灯。

新月，照耀千古的那缕来自上苍的月光，穿透了诗歌永恒的主题。

徐志摩是新月社的灵魂，胡适是新月社的旗手；诗歌创作、学术交流是新月社的主旨；互动的团体，新诗交流是新月社的主体。在这里，聚集着新诗前辈闻一多、徐志摩、朱湘、饶孟侃、孙大雨、刘梦苇等大诗人，他们不仅重振了诗歌的风采，也为新诗的发展立下了汗马功劳。

或许，在历史的长河中，新月的岁月只是一个瞬间，但它却永远定格在了现代中国文艺苍穹黝蓝的夜幕上。

新月社，虽然只存在了短暂的11年，却办了《晨报副刊》的《诗镌》和《剧刊》；从新月书店、《新月》月刊到《诗刊》和《学文》。

徐志摩从丝丝缕缕的月光中走出来，浑身充满了诗情和活力，在北京石虎胡同七号大房子里，组建了新月社。这是他和新月派的诗人们的领地，充满了诗歌、小说、散文、戏剧等文学气息。

走进新月社，的确让人耳目一新，那典雅的布置，那诗意的氛围，像一册唐诗宋词的线装书，典雅了千百年的诗韵迎面扑来。明亮的窗下，琴棋书画，一有尽有，文人雅士吟诗作画、抚琴喝酒、下棋议论，如同大唐盛世一样的恢宏气度，让诗歌在抑扬顿挫的平平仄仄间行吟。

那是诗人徐志摩恋恋不舍地，坐在听惯了千万年来歌者吟诵的枝头，俯仰小天地，笑傲皆诗章的浪漫风度，发出的清丽脱俗或高亢激昂的时代之音。

诗歌每节韵脚都在变化，就像音乐奏响月光飘逸的舞曲，和着诗歌的音节，抑扬顿挫，朗朗上口。而新月的诗歌每一节都匀称，每一句都整齐，就像宫殿的建筑，聚集了青砖红瓦，飞檐的灵动，美轮美奂，一卷诗香，轻筑灵魂的房屋。细数新月诗文，如珍珠镶嵌在新月的圆缺之间，惊起两行雁阵。

飞鸿扇翅过后，是被新月的手指拨弄，唯美诗人们，痛饮月光，在诗情画意中沉醉。

新月派诗人闻一多的诗作《死水》表现了反对封建军阀的爱国民主精神；在康桥，徐志摩睁开了追寻“爱、自由与美”的双眼，在寻觅自由与爱情的同时，生发了诗歌创作的灵感，他的《再别康桥》犹如诗魂之歌，飘逸如荷般脱俗尘海；孙大雨的诗歌有阔大的概念，从对整个纽约城的严密深切的观感中，托出一个现代人错综复杂的意识。

词藻和想象的新奇与那雄浑的气魄，震撼心灵。介乎朱湘、孙大雨之间的为饶孟侃，以不苟且的态度在技巧上严密推敲，而以单纯意象写出清淡的诗。澄清如水印着清灵的云天直承徐志摩、闻一多，道统的新诗人陈梦家与方玮德、龙彦午，更是新月后起之秀，他们的诗作醇正、纯粹，像风不经意地在一支芦管里透出和谐的乐音，热情奔放，笔势回旋，有一气呵成之妙。还有林徽因的《笑》，这是一首用笔极其细腻精致的诗歌，感觉的挪移和沟通的通感，微妙地抒发了诗人的情感。

新月的辉光下，舵主徐志摩轻轻托起灵感之梦，创造出别样的诗空，那生命本真的脉动，镶嵌着新诗之宝。那是通往新月的路径，缀满了纷纷飘落的诗雨，亮丽了诗人的心空。

徐志摩目光深邃，直逼诗歌内心，并以吞云吐月的气度，擦亮了那枚高悬的新月。

月情云性，在千倾荷意的光芒中，徐志摩以一骑红尘，创造了诗坛奇迹，把一首新月的诗，写得倾国倾城。

第六卷 翡冷翠的一夜

“无情不似多情苦，一寸还成千万缕。”

爱情，像是邂逅一场盛景而后摆出美丽苍凉的手势。就如：“从此无心爱良夜，任他明月下西楼。此情可待成追忆，只是当时已惘然。纵有千种风情，更与何人说。”

在一次舞会上，一个美艳动人的身影翩翩旋舞，吸引了他的目光，那便是京城名媛陆小曼。

循着爱的脚步，牵着爱的衣襟，两个婚姻不顺的人，一步步地踏响了爱的足音。

有人说：“爱情是一朵生长在悬崖峭壁边缘上的花，想摘取就必须要有勇气。”

万水千山总是情。穿越千难万险，只为两颗心的靠近。终于，红尘之中，蓝天白云之下，爱无界限。从此，两个人演绎了一场轰轰烈烈、惊天动地的恋爱。

京城情事

胡适说“陆小曼是一道不可不看的风景”。

深爱，是一种秘密。

徐志摩在“访我唯一灵魂之伴侣”的路上踟蹰而行，拼尽了身体里所有的能量，尽数沉浮的孤独和忧伤，魂销黯然。陪伴他的只有几阕唐诗宋词，那丝丝缕缕的寒，一如黄昏的柔情脉脉。

人生的大起大落和一路颠簸，早让诗人身心俱疲。

纷扰红尘中，徐志摩多么渴盼有一位知心爱人，浓烈的相守，哪怕只是淡淡相依也好。

倏忽间，陆小曼从春光明媚的花丛里，款款朝他走来，绝世美人的粲然芳华，如一束火焰的烂漫，徐志摩的眼睛亮了！

人生由天不由我，爱情由心不由境。

徐志摩再次陷入情网。

徐志摩不顾一切地迎了上去，牵住陆小曼那双柔弱无骨的纤纤玉手，双双欢悦愉快地奔向了魂牵梦绕的爱的原野。

陆小曼是北平数一数二的名媛，才貌双全，世代书香门第。

作为官宦家庭的女儿，陆小曼出落得亭亭玉立，能诗能画，会说英法两国语言，且待人热情大方、彬彬有礼。19 岁时，由父母做主，嫁给了年少有为的王赓。王赓毕业于清华大学，后入美国普林斯顿大学读哲学，再转到西点军校攻读军事；1918 年回国，供职于军部，先是出任武官，兼外交部外文翻译；后晋升为陆军少将，和陆小曼结婚不久，远去任哈尔滨警察厅厅长。

只是，风度翩翩的王赓虽干练却温情不足，陆小曼对他敬比爱多，加上夫妻长期分居，感情很是淡漠。

也许是陆小曼的娇宠和任性，才会使徐志摩像喝了烈酒一样，被弄得神魂颠倒，魂牵梦萦。

爱到刻骨铭心的时候，淡雅素净早已被大多的放纵所取代。她和徐志摩一起游长城、逛天桥；徐志摩体贴周到地陪她打牌、看戏、跳舞。爱好相同、意趣相投的徐志摩和陆小曼感情迅速升温。他们常常相约于石虎胡同新月社，在温馨的书斋里促膝而谈。在月夜安静的时空里，就着火炉对饮，没有闲人打扰，没有世俗窥探的眼睛，耳热酒酣，拥在一起，互定终身。

京城情事，被他们称为“翡冷翠的一夜”。

时间悄然掠过，不知不觉间，他们已经难舍难分。爱情唤醒了诗人压抑已久的诗情和活力。激情澎湃的他在寂静的夜晚，望着窗外那轮新升之月，拿起笔，写下了《雪花的快乐》：

“假如我是一朵雪花，

翩翩的在半空里潇洒，

我一定认清我的方向

飞扬，飞扬，飞扬，
这地面上有我的方向。

不去那冷寞的幽谷，
不去那凄清的山麓，
也不上荒街去惆怅
飞扬，飞扬，飞扬，
你看，我有我的方向！

在半空里娟娟的飞舞，
认明了那清幽的住处，
等着她来花园里探望
飞扬，飞扬，飞扬，
啊，她身上有朱砂梅的清香！

那时我凭借我的身轻，
盈盈的，沾住了她的衣襟，
贴近她柔波似的心胸——
消溶，消溶，消溶——
溶入了她柔波似的心胸！”

诗歌的本质是抒情。诗人的诗歌，就是他情绪的展露。徐志摩的这首《雪花的快乐》，以雪花为意象，渗透了生命的意识，表达了他对美好爱情的向往，肌肤的气息和血液的激越，在诗行间里跳动。

这注定不是一般的姻缘。

一个是离了婚的才子，一个是有夫之妇的花容才女，两个人的相恋相爱，让那些封建的遗老遗少大跌眼镜。

于是，京城情事成了轰动一时的花边新闻！

一时间，两个人的绯闻闹得沸沸扬扬，京城情事顿时成了人们茶余饭后的谈资。

站在风口浪尖上，徐志摩忍受着重荷压抑下的痛苦，决心带着爱人抗争到底，他看到了“爱、自由和美”在向他招手。个性解放和婚姻自由是他毕生的追求。悲伤、愤慨的他写下了《这是一个懦弱的世界》：

……
我拉着你的手，
爱，你跟着我走；
听凭棘刺把我们的脚心刺透，
听凭冰雹劈开我们的头，
你跟着我走，
我拉着你的手，
逃出了牢笼，恢复我们的自由！

跟着我来，
我的恋爱！
人间已经掉落在我们的背后，——
看呀，这不是白茫茫的大海？
白茫茫的大海
白茫茫的大海，
无边的自由，我与你与恋爱！
……

徐志摩的血液沸腾着，他的灵魂驻守着精神的理想境界，决绝的态度、抗争的精神和坚韧的风一起流淌，生死的爱恋，沉默、内敛、自由生长，坚韧而顽强。

试想，二十世纪初的中国社会尚处于封建半封建的殖民地时期，挑战传统，和一位有夫之妇恋爱，那得有多么大的勇气？

徐志摩和陆小曼两个传统的叛逆者，注定要被突如其来的缘分砸伤。但此时深陷情爱之中的他们，已经无暇顾及外界的言论，我行我素的桀骜，在传统道德的缺口游刃。

那些流动的风声，不管如何暴虐，也奈何不了他们越贴越近的心。

来自上层社会的谴责、谩骂和鞭挞，来自徐、陆两家的反对和阻挠，像一股股巨浪猛烈地朝他们砸来，风言风语更像一把利刃朝他们刺了过来。

那是千年的寒带，大雪之境，遗失了情感，那些爱情的细节，被寒冷包裹，一枝一叶地冰封，在峰峦上上演坚韧。

那空朦的意境，完美着未来的春意。

陆小曼没有林徽因的温和和坚定；也没有张爱玲的凌厉与重情；更没有三毛的放逐及勇敢。她任性，骄纵，决绝，一心想服从内心的意愿去生活。她勇敢的提出和王庚离婚的要求，结果可想而知，她遭到父母、丈夫的痛斥。面对着几乎众叛亲离的局面，她要摆脱婚姻，更是千难万难。

郁达夫说："忠厚柔艳的小曼，热情诚挚的徐志摩，遇合在一道，自然要籍放火花，烧成一片。"

京城情事，翡冷翠的一夜，如梦如幻，至今，还在拍打着历史的烟云，让人们瞪大了双眼。

斜阳下、细雨中，依稀回响着亘古不变的诺言，他们说：

给我一个承诺，我哪里都不会去，就站在这里等着你。

爱眉小札

西风凋碧树，清波颤残荷。

徐志摩独倚寒窗，望月凝思，愤恨无语。是日月交替，计时以待，还是带着火种独自水岸徘徊？

1925 年 2 月，深陷情感煎熬之中的徐志摩收到了恩厚之来自南美的信，信中告诉他，泰戈尔身体欠佳，希望他能前去意大利看望。本来收到这封信他是万分开心的，可随即又萎顿下去，左右为难起来。因为这时，他和陆小曼的恋爱正遭遇到前所未有的困难，他怎么可以丢下她一个人独自去应对？最后，还是胡适劝他“你还年轻，应该出去走走，重新在与大文学家、大艺术家的接触中汲取营养，让自己在增加一些作诗的灵感，让自已的精神和知识来一个‘散拿吐谨’。”

经过朋友们的一番费心安排，徐志摩终于和陆小曼见了面。只是他没想到的是，她竟然支持他去欧洲。大为感动之余，两个人约定通信和写日记，一场旅途中的爱恋，形成了一篇篇情文并茂的恋爱日记，即《爱眉小札》。

而这情深意切的《爱眉小札》，正是两个人对爱的注解。

“主的面前，爱是唯一的荣光。”这句诗便是《爱眉小札》的中心主旨。

当异国他乡的夜晚朦胧了月色，在昏暗的灯光下，那张忘记又记起的眼里的月光下的脸，还有“访我灵魂之伴侣”的往昔，水草一样，摇曳着他无眠的思绪，仿佛突至的悲伤，让他不知所措。

走远的人，不必再听风，孤独早已融进月色，快点结束这无眠的夜，迎来更加瘦弱的清晨。徐志摩靠在列车窗前，感觉泪水缓缓地充盈起来，他轻薄的肉身靠近了苍茫，在无声无息的凄凉中，梦碎得很悲壮。只有那颗不变的心，在倾听自己最真实的呼吸，和着车轮哐哐当当的声响，行走在陌生的荒野上。

落日的余晖，在他泪水模糊的脸上，涂上了一层金色的辉光。

往事如梦，是你的柔情，让我流光溢彩。《爱眉小札》里，徐志摩的日记和信笺，如一篇篇战斗的檄文，悲愤地痛诉了这个冷血的社会；又像一朵朵蒙尘的花朵的叹息，丝丝缕缕，缠绕着绵绵爱意与哀愁的馨香。

“阿呸，狗屁的礼教，狗屁的家庭，狗屁的社会，去你们的，青天里白白的出太阳，这群人血管的水全是冰凉的！我现在可以放怀的对你说，我腔子里一天还有热血，你就一天有我的同情与帮助；我大胆的承受你的爱，珍重你的爱，永葆你的爱，我如其凭爱的恩惠还能从我性灵里放射出一丝一缕的光亮，这光亮全是你的，你尽量用吧！假如你能在我的人格思想里发现有些许的滋养与温暖，这也全是你的，你尽量使吧！最初我听见人家诬蔑你的时候，我就热烈地对他们宣言，我说你们听着，先前我不认识她，我没有权利替她说话，现在我认识了她，我绝对的替她辩护，我敢说如其女人的心曾经有过纯洁的，她的就是一个。……一切有我在，一切有爱在。同时你努力的方向得自己认清，再不容丝毫的含糊，让步牺牲是有的，但什么事都有个限度，有个止境；你这样一朵稀有的奇葩，决不是为一对不明白的父母，一个不了解的丈夫牺牲来的。你对上帝负有责任，你对自己负有责任，尤其你对于你新发现的爱负有责任，你已往的牺牲已经足够，你再不能轻易糟蹋一分半分的黄金光阴。”

雨含烟，风不解，夜无眠。一川愁绪锁江南。

徐志摩像是盘旋在江南水乡荷莲芯蕊上的一只蝶，在苏醒的雨滴下，诗语未眠，难说寸心。

胡适、刘海粟和郁达夫是支持他的，郁达夫就曾热烈地说：“哪里还顾得到纲常伦教？更哪里还顾到宗法家风？当这事在北京的交际社会里成话柄的时候，我就佩服志摩的纯真与小曼的勇敢到了无以复加。记得有一次在来今雨轩吃饭的席上，曾有人问起我对这事的意见，我就学了《三剑客》影片里的一句话回答他：‘假使我马上要死的话，在我死的前头，我就只想做一篇伟大的史诗，来颂美志摩和小曼。’”

为什么，阳光透过树荫碎落在身上的温暖，也这样的冰凉？惆怅啊，无孔不入！

徐志摩流放的诗句呢？在月光下回旋低吟，那是化蝶的时刻，在夜来风雨声中，飘舞落花的爱情。

饯行宴上，陆小曼喝得烂醉，连声叫道：“我不是醉，只是难受，只是心里苦。”

徐志摩心痛如锯在割！像是钢铁锥子刺着他的心：愤、慨、恨、急各种情绪像潮水似的涌上了心头。如同冬日的凋蔽残酷。冰冷的霜冻慢慢地凝成了萧瑟的风景。“要醉就同醉，要死也死在一起，醉也是一体，死也是一体，要哭让眼泪和成一起，要心跳让胸膛贴紧在一起。”

离别的那个夜晚，徐志摩伏案疾书。他在给陆小曼写信，却字字焦苦：“我的肝肠寸寸的断了，今晚再不好好的给你一封信，再不把我的心给你看，我就不配爱你，就不配受你的爱。

我的小龙呀，这实在是太难受了，我现在不愿别的，只愿我伴着你一同吃苦——你方才心头一阵阵的作痛，我在旁边只是咬紧牙关闭着眼替你熬着，龙呀，让你血液里的讨命鬼来找着我吧，叫我眼看你这样生生的受罪，我什么意念都变了灰了！你吃现鲜鲜的苦是真的，叫我怨谁去？”

一曲红尘一生缘。

徐志摩的信句句真情，将深深的爱，融于字里行间，如泣血的杜鹃，以一朵花的姿势，为爱人注入坚持的信念：“我在十几个钟头内就要走了，丢开你走了，你怨我忍心不是？我也自认我这回不得不硬一硬心肠，你也明白我这回去是我精神的与知识的‘散拿吐瑾’。我受益就是你受益，我此去得加倍的用心，你在这时期内也得加倍的奋斗，我信你的勇气这回就是你试验，实证你勇气的机会，我人虽走，我的心不离开你，要知道在我与你的中间有的是无形的精神线，彼此的悲欢喜怒此后是会相通的，你信不信？”

往事如梦，是你的柔情，让我流光溢彩；是爱的升温让我愈久弥坚。

“记住，只要你耐得住半年，只要你决意等我，回来时一定使你满意欢喜，这都是可能的；天下没有不可能的事——只要你有信心，有勇气，腔子里有热血，灵魂里有真爱。龙呀！我的孤注就押在你的身上了！”

徐志摩近乎于循循善诱地嘱咐陆小曼，长思不绝。

《爱眉小札》，就像一声长长的叹息；仿佛是灵魂的舞蹈，那真挚的书写，海一样地澎湃着活力。

临行前夜，徐志摩几乎一夜没睡，他蛰伏在凄冷的角落，伏案疾书，离别愁绪，孤独和愤慨，侵蚀着他的血肉、他的思想、他的情脉。凝神倾听，他感到了冰冷的锈刃所散发出来的野性的光芒，以及自己内心的激切突围。

在赴欧游的火车上，徐志摩身孤影只，备感凄凉。倚在前往奉天的列车窗前，给陆小曼的信中叹道：“咳！我孤孤单单的一挥手，你们全站着看我走，也不伸手来拉一拉，样儿也不装装，真可气。我想送我的里面，至少有一半是巴不得我走的，这有一半是‘你走也好，走吧。’车出了站，我独自的晃着脑袋，看天看夜，稍微有些难受。”

敏感的捕捉，诗意的理解，干净的表达，直抵精神的内核。

他接着写到：“往窗外望，左边黄澄澄的土直到天边，右边黄澄澄的地直到天边。”遥望锦州城那座塔，有些像西湖上那座雷峰，像那倒坍了的雷峰，这又增添了他无限的惆怅。他自哈尔滨给陆小曼写的信中说，国境还未出，已是举目无亲的了，再下去就更凄惨了。

徐志摩把这次欧游，叫做“自愿的充军”。他在往西伯利亚的途中，对陆小曼抱怨道，这西伯利亚的充军，真有些儿苦。他又晕车，看书不舒服，写东西更烦，车上空气又坏，东西也难吃，真是何苦呀。同车的人不是带着家眷便是回家去的，他们在车上多过一天便离家近一天，就只他这傻瓜甘心抛去暖和热闹的北京，到这荒凉境界里来叫苦！

诗人是感性的，他的悲凉不是没有原因的无病呻吟，爱情的忧伤，泰戈尔在意大利病着，都让他痛断肝肠。在德国，他忧心忡忡地给陆小曼写信，说：不幸的张幼仪，3 岁的小孩子只剩了一撮冷灰。她挂着两行泪在等他时很凄惨。泰戈尔在南方病着，他要赶快去看看，怕老人有什么长短。他这回到欧洲来，岂不是老小两空！而且他又深怕这兆头不好。

自柏林抵伦敦后，徐志摩离开陆小曼将近一个月了，没有收到陆小曼的信。思恋、焦虑之情与日俱增。

旅途之爱

抵达伦敦的当天，徐志摩就给陆小曼写了一封信，埋怨她没有来信："我到现在还不曾接到中国来的半个字；怕掉了，我真着急。我想别人也许没有信，小曼你总该有，可是到哪一天才能得到你的信我自己都不知道！"

黄昏临近，徐志摩到哪里安置一颗飘泊的零落成泥的心呢？那思念，烈火般地摇曳。

"我还是每晚做梦回北京，十次里有九次见着你，每次的情形，总令人难过。""我有一天想立刻买票到印度去还了愿心完事；又想立刻回头赶回中国，也许有机会与你一同到小林深处过夏去，强如在欧洲做流氓。"

没有陆小曼的信，徐志摩魂不守舍。

漫步雾都伦敦，朦胧中，那古堡还在，那康桥还在，那钟楼还在，那一阵阵的牛羊的"哞"声还在，那花草树木还在，可是，载你的那叶扁舟呢？

历史的泪水里，一滴，泊隐于此。

同行的张幼仪便取笑他，说徐志摩到欧洲只来了一双腿，"心"有别用的，还说肠胃都不曾带来，因为徐志摩胃口不好！

季节给风涂上了颜色，往事成了留白的问候，而《爱眉小札》，正是徐志摩思念的见证。

那游走的思绪，在啼听时光的足音。

徐志摩日日思念，他担心陆小曼的身体，在游欧途中，几乎每封信都会关切地询问陆小曼的病体。4 月 7 日给陆小曼的信："小曼你近来怎样？身体怎样？你的心跳病我最怕，你知道你每日一发病，我的心好像也掉了下去似的。"再加上陆小曼在 5 月 21 日大病了一场，远在欧洲的徐志摩就更加担心了，在 5 月 27 日给小曼的信中，他不无焦急得写道："W（即胡适）的信是二十三，正是你进协和的第二天，他说等'明天'医生报告病情，再给我写信，只要他或你自己上月寄出信，此时也该到了，真闷煞人！回电当然是个安慰，否则我这几天哪有安静日子过？电文只说'一切平安'，至少你没有危险了是可以断定的，但你的病情究竟怎样？进院后医治见效否？此时已否出院？已能照常行动否？我都急得要知道，但急偏不得知道，这多别扭！小曼：这回苦了你，我想你病中一定格外的想念我，你哭了没有？我想一定有的，因为我在这里只要上床一时睡不着，就叫曼，曼不答应我，就有些心酸，何况你在病中呢？早知你有这场病，我就不应离京，我老是怕你病倒，但是总希望你可以逃过，谁知你还是一样吃苦，为什么你不等着我在你身边的时候生病？"

不息的是信念，不屈的是毅力。

焦急等待在欧洲的徐志摩思念着，问候着，谁能破译诗人当时的心境？只有脉搏联动这灵魂的温度。

6 月 25 日，盼望着陆小曼回信的徐志摩在信中写道："龙呀，我想死你了，你再不救我，谁来救我？为什么你信寄得这样稀？笔这样懒？我知道你在家忙不过来，家里人烦着你，朋友们烦着你，等得清静的时候你自已也倦了；但是你要知道你那里日子过得容易，我这孤鬼在这里，把一个心悬在那里收不回来，平均一个月盼不到一封信，你说能不能怪我抱怨？龙呀，时候到了，这是我们，你与我，自己顾全自己的时候，再没有工夫去敷衍人了。现在时候到了，你我应当再也不怕得罪人——哼，别说得罪人，到必要时天地都得捣烂他哪！”

到了6月26日，满腔的爱几乎要冲破徐志摩的胸膛：“我这一想起你，我惟一的宝贝，我满身的骨肉就全化成了水一般的柔情，向着你那里流去。我真恨不得剖开我的胸膛，把我爱放在我心头热血最暖处窝着，再不让你遭受些微风霜的侵暴，再不让你受些微尘埃的沾染。曼呀，我抱着你，亲着你，你觉得吗?”“你的爱，隔着万里路的灵犀一点，简直是我的命水，全世界所有的宝贝买不到这一点子不朽的精诚。——我今天要是死了，我是要把你爱我的爱带了坟里去，做鬼也以自傲了!你用不着再来叮嘱，我信你完全的爱，我信你比如我信我的父母，信我自已，信天上的太阳；岂止，你早已成我灵魂的一部，我的影子里有你的影子，我的声音里有你的声音，我的心里有你的心；鱼不能没有水，人不能没有氧；我不能没有你的爱。”

有一种爱，就像绿色的藤蔓，缠缠绕绕，终生都解不开的，竟是一春的情。

徐志摩这边是日日写，日日念，而陆小曼的信，却少得可怜。心急如焚的徐志摩，听说胡适想来欧洲，便赶紧给陆小曼写信道：“我上封信要你跟W（即胡适）来欧，你仔细想过没有？这是你一生的一个大关键。俗语说的快刀斩乱丝，再痛快不过的。我不愿意你再有踌躇，上帝帮助能自助的人，只要你站起来就有人在你前面领路。”紧接着，他又发出一封信催促：“龙儿，你究竟认真看了我的信没有？为什么回信还不来？你要是懂得我，信我，那你决不能再让你自己多过一半天糊涂的日子；我并不敢逼迫你做这样，做那样，但如果你我间的恋情是真的，那它一定有力量，有力量打破一切的阻碍，即使得渡过死的海，你我的灵魂也得结合在一起——爱给我们勇，能勇就是成功，要大抛弃才有大收成，大牺牲的决心是进爱境惟一的通道。”“你决定的日子就是我们理想成功的日子——我等着你的信号。”

徐志摩一路旅行一路呼唤，《爱眉小札》写满了他的心跳，就像无数的血脉，敲击盛开的声音，时光的尽头，是爱、自由和美的花环。《爱眉小札》是他爱情的见证，是用血肉填满的花事，是花与果实的距离。

直到接到陆小曼姗姗来迟的回信，徐志摩才知道她的状况。原来，那时恰逢陆小曼生了一场大病，再加上她被父母监督管制，自是不可能来欧洲的。他立即回信说：“我在翡冷翠知道你病，我急得什么似的，幸亏适之来了回电，才稍为放心了些。但你的病情的底细，直到今天看了你五月十九至二十一日的信才知道清楚。真苦了你，我的乖！真苦了你。但是你放心，我这次虽然不曾尽我的心，因为不在你的身旁，眼看那特权叫旁人享受了去；但是你放心，我爱！我将来有法子补我缺憾。”“我在这几天内决定我的行期，我本想等你来电后再走，现在看事情急不及待，我许就来了。但同时我们得谨慎，万分的谨慎，我们再不能替鬼脸的社会造笑话，有勇还得有智，我的计划已经有了。”

徐志摩的《爱眉小札》，是向传统挑战的檄文，更是爱的宣言和真情挚爱的见证。那意味深长的汉字组合，树一样的绿色词章，抒发感天动地的生命誓约。

苦涩等待

爱，自由，美，是徐志摩的梦。

尽管现实残酷，传统顽固，他依然挺立成树的姿态，那一腔的柔情，幽幽百转不悔。

心事，从小小的儿女情长，一直到浩瀚的苍穹和碧野，美丽的梦不会凋落。

陆小曼的出现，让徐志摩心里刮起了追寻理想的旋风般的希望，纵然周围是最冷漠的风景，也变得霎时芳华。

“我的心怀里，除了挚爱你的一片热情外，我决不容留任何夹杂的感想；这册爱眉小札里，除了登记因爱而流出的思想外，我也决不愿夹杂一些不值得的成分。眉，我是太痴了，自顶至踵全是爱，你得明白我，你得永远用你的柔情包住我这一团的热情，决不可有一丝的漏缝，因为那时就有爆裂的危险。”

旅欧回京后，徐志摩见不到陆小曼，就每天都记日记，在日记中倾诉着对陆小曼的思念和爱恋：“眉，你真玲珑，你真活泼，你真像一条小龙。我爱你朴素，不爱你奢华。你穿上一件蓝布袍，你的眉目间就有一种特异的光彩，我看了心里就觉着不可名状的欢喜。朴素是真的高贵。你穿戴齐整的时候当然是好看，但那好看是寻常的，人人都认得的，素服时的眉，有我独到的领略。”还有对陆小曼的殷殷期盼与咛咛叮嘱：“我从前的束缚是完全靠理性解开的；我不信你的就不能用同样的方法。万事只要自己决心；决心与成功间的是最短的距离。往往一个人最不愿意听的话，是他最应得听的话。”

苦涩的等待，社会上的风言风语，见不到爱人的焦虑和痛苦，徐志摩的影子成了苍茫大地的一块忧伤。

相思何时休？坐在夜色里，回首凝眉，为何千年绮梦总如烟？谁来救赎一个诗人的孤独和忧伤？

徐志摩憔悴不堪！

夏末的一天，林长民分别约徐志摩和陆小曼同游嬴台宫湖。徐志摩雀跃起来，半年未见，半年的相思，半年的肝肠寸断，半年的黯然销魂，都在这一刻被爱倾诉；不久，胡适又为给他们安排了一次单独相处的机会。

月光不在朦胧，风雨把天空洗的翠蓝。荒漠的深处，荡漾着一泓碧清的涟漪。

徐志摩日记里记下了甜蜜的约会："'幸福还不是不可能的'，这是我最近的发现。今天早上的时刻，过得甜极了。我只要你；有你我就忘却一切，我什么都不想什么都不要了，因为我什么都有了。与你在一起没有第三人时，我最乐。坐着谈也好，走道也好，上街买东西也好。厂甸我何尝没有去过，但哪有今天那样的甜法；爱是甘草，这苦的世界有了它就好上口了。"

甜蜜的爱情，让诗人泼了一生的柔情，东流的大江，也会为这暗香让路。

第二天，徐志摩继续写道："我真应得谢天，我在这一辈子里，本来自问已是陈死人，竟然还能尝着生活的甜味，曾经享受过最完全，最奢侈的时辰，我从此是一个富人，再没有抱怨的口实，我已经知足。这时候，天坍了下来，地陷了下去，霹雳种在我的身上，我再也不怕死，不愁死，我满心只是感谢。即使眉你有一天（恕我这不可能的设想）心换了样，停止了爱我，那时我的心就像莲蓬似的栽满了窟窿，我所有的热血都从这些窟窿里流走——即使有那样悲惨的一天，我想我还是不敢怨的，因为你我的心曾经一度灵通，那是不可灭的。上帝的意思到处是明显的，他的发落永远是平正的；我们永远不能批评，不能抱怨。”

庭院深深深几许？

徐志摩哪里知道，此时，陆小曼的父母得知徐志摩已从欧洲回来后，加大限制女儿行动的自由。每天，徐志摩细数念珠般地等待陆小曼的电话，烦躁与不安，期待与失落折磨着徐志摩，有如在地狱中煎熬。他接连向着日记中倾诉道：“这过的是什么日子！我这心上压得多重呀！眉，我的眉，怎么好呢？刹那间有千百件事在方寸间起伏，是忧，是虑，是瞻前，是顾后，这笔上哪能写出？眉，我怕，我真怕世界与我们是不能并立的，不是我们把他们打毁成全我们的话，就是他们打毁我们，逼迫我们的死。眉，我悲极了，我胸口隐隐的生痛，我双眼盈盈的热泪，我就要你，我此时要你，我偏不能有你，喔，这难受——恋爱是痛苦的，是的眉，再也没有疑义。眉，我恨不得立刻与你死去，因为只有死可以给我们想望的清静，相互的永远占有。眉，我来献全盘的爱给你，一团火热的真情，整个儿给你，我也盼望你也一样拿整个，完全的爱还我。”“眉，你又是在这样的环境里嵌着，连自由谈天的机会都没有，咳，这真是哪里说起！眉，我每晚睡在床上寻思时，我仿佛觉着发根里的血液一滴滴的清耗，在忧郁的思念中黑发变成苍白。一天二十四时，心头哪有一刻的平安——除了与你单独相对的俄顷，那是太难得了。”

仰头望天，燕雁飞翔，风雨飘拂，月圆月亏，难道真的让痴情的他守着残缺，呼吸寂寞的空气？

徐志摩只觉得他像李清照一样寻寻觅觅，凄凄惨惨戚戚了。

苦涩的等待中，只有那本日记忠实地陪伴他，倾听他的诉说："这在恋中人的心境真是每分钟变样，绝对的不可测度。昨天那样的受罪，今儿又这般的上天，多大的分别！像这样的艳福，世上能有几个人享着；像这样奢侈的光阴，这宇宙间能有几多？"

第二天，他又写道："眉，你爱我究竟是怎样的爱法？我不在时你想我，有时很热烈的想我，那我信！但我不在时你依旧有你的生活，并不是怎样的过不去；我在你当然更高兴，但我所最要知道的是，眉呀，我是否你'完全的必要'，我是否能给你一些世上再没有第二人能给你的东西，是否在我的爱你的爱里你得到了你一生最圆满，最无遗憾的满足？"

新的一天来临了，他接着写："眉，要知道你只是偶尔的觉悟，偶尔的难受，我呢，简直是整天整晚的叫忧愁割破了我的心。"又过了几天他照旧："今天一早就下雨，整天阴霾到底，你不乐，我也不快；你不愿见人，并且不愿见我；你不打电话，我知道你连我的声音都不愿听见，我可一点也不怪你，眉，我懂得你的抑郁，我只抱歉我不能给你我应分的慰安。十一点半了，你还不曾回家，我想象你此时坐在一群叫嚣不相干的俗客中间，看他们放肆的赌，你尽楞着，眼泪向里流着，有时你还得陪笑脸，眉，你还不厌吗，这种无谓的生活，你还不造反吗？眉？"

这泣血一样的倾诉，是徐志摩不甘的呼唤。他独自倚栏，看秋月挥洒，借一滴泪珠的璀璨，将爱人闪烁在欲穿的眼眸。一声轻叹：思念，思念，还是思念！

也许，世界上的任何事情都在于坚持，只有坚持，才能取得最后的胜利。

陆小曼迫于来自家庭的压力，基本上没有与徐志摩见面的机会。但徐志摩并不气馁，他坚信真爱可以战胜任何的阻力，他鼓励着陆小曼，也激励着自己，他在日记中写道："眉，我感谢上苍，因为你已经接受了我；这来我的灵性有了永久的寄托，我的生命有了最光荣的起点，我这一辈子再不能想望关于我自身更大的事情发现，我一天有你的爱，我的命就有根，我就是精神上的大富翁。""眉，你这回真不能再做小孩了，你得硬一硬心，一下解决了这大事免得成天怀鬼胎过不自然得痛苦的日子。要知道你一天在这尴尬的境地里嵌着，我也心理上一天站不直，哪能真心去做事，害得谁都不舒服，真是何苦来？眉，救人就是自救，自救就是救人。……奋勇上前吧，眉，你不用怕，有我整个儿在你旁边站着，谁要动你分毫，有我拼着性命保护你，你还怕什么？""眉，我总说有真爱就有勇气，你爱我的一片血诚，我身体磨成了粉都不能怀疑，但同时你娘那里既不肯冒险，他那里又不肯下决断，生活上也没有改向，单叫我含糊的等着，你说我心上哪能有平安，这神魂不定又哪能做事？因此我不由不私下盼望你能进一步爱我，早晚想一个坚决的办法出来，使我早一天定心，早一天能堂皇的做人，早一天实现我一辈子理想中的新生活。"

不思量，自难忘，孤寂的红尘，谁来相伴？徐志摩决定不再原地等待，他要主动争取他的爱情，于是他跑去拜访陆小曼的母亲，只是没想到最后的结果却是不欢而散。他说："眉，娘真是何苦来。她是聪明，就该聪明到底；她既然看出我们俩都是痴情人容易钟情，她就该得想法大处落墨，比如说禁止你与我往来，不许你我见面，也是一个办法；否则就该承认我们的情分，给我们一条活路才是道理。"

失败，更增加了他的斗志，徐志摩请胡适去胡家做说客，也被陆母顶了回来，无功而返。

无奈、无助，醒时空对窗前月。他多想把爱的心声，放在鸟的羽翅上，飞跃古今。

这时，无计可施的徐志摩想到了私奔。他翻开日记本，写道："眉，这事情清楚极了，只要你的决心，娘，别说一个，十个也不能拦阻你。我的意思是我们同到南边去（你不愿我的名字混入第一步，固然是你的好意，但你知道那是不成功的，所以与其拖泥带浆还不如走大方的路，来一个干脆，只是情是真的，我们有什么见不得人面的地方？）""眉，为什么你不信我的话，到什么时候你才听我的话！你不信我的爱吗？你给我的爱不完全吗？为什么你不肯听我的话，连极小的事情都不依从我——倒是别人叫你上哪儿你就梳头打扮了快走。你果真爱我，不能这样没胆量，恋爱本是光明事。为什么要这样子偷偷的，多不痛快。"

上苍仿佛有意考验和折磨徐志摩，苦涩的等待，让他衣带渐宽满脸憔悴。他决定先离开一段时间，便去上海看望居住张园的父母。途中，悲愤和忧伤的诗人，拿起笔写了一首诗，表达了对陆小曼的思念和对陆母的不满：

我来扬子江边买一把莲蓬；
手剥一层层的莲衣，
看江鸥在眼前飞，
忍含着一眼悲泪，——
我想着你，我想着你，啊小龙！
我尝一尝莲瓣，回味曾经的温存——

那阶前不卷的重帘，
掩护着销魂的欢恋，
我又听着你的盟言：
“永远是你的，我的身体，我的灵魂。”
我尝一尝莲心，我的心比莲心苦，
我长夜里怔忡，
挣不开的恶梦；
谁知我的苦痛！
你害了我，爱，这是叫我如何过？
但我不能说你负，更不能猜你变；
我心头只是一片柔，
你是我的！我依旧！
将你紧紧的抱搂；
除非是天翻，但我不能想象那一天！

那时的徐志摩怎么也没有想到，事情会突然峰回路转。刚到上海，他就接到了陆小曼发来的电报：“一切如意——珍重——眉”。他心花怒放，循着爱的脚步走下去，只为两颗心的靠近。第二天，陆小曼的信也到了，喜不自禁的他竟然有些痴痴呆呆的。

徐申如见了语重心长地告诫说：“像你这样年纪，身边女人是应得有一个的，但可不能胡闹，以后，有夫之妇总以少接近为是。”

徐志摩哪还敢把实情告诉父亲？只能点头称是。暗地里，却请刘海粟去劝说王赓离婚。

因为王庚在上海军中任职，陆小曼母女便赶来上海。徐志摩到车站去迎候，却被气急的陆母羞辱，当晚，痛苦的他在日记中写下了这么一段话：“‘受罪受大了！受罪受大了’我也这么说。眉呀，昨晚我浑身的肉都颤动了，差一点不曾爆裂，说也怪，我本不想与你说话的，但等到你对我开口时，我闷在心里的话一句都说不上来，我睁着眼看你来，睁着眼看你去，谁知道你我的心！”

当晚，徐志摩就跑到了王赓在上海的寓所，王赓也很大度，给了他和陆小曼五分钟的闲聊时间。

不久，徐志摩约陆小曼到西湖游玩，却没有等来陆小曼，不免心灰意冷：“你今晚终究来不来？你不来时我明天走怕不得相见了；你来了又待怎样？我现在至多的想望是与你临行一诀，但看来百分里没有一分机会！”“可怜我今天去车站盼望你来，又不敢露面，心里双层的难受，结果还是白候。”“眉呀！想不到这爱眉小札，欢欢喜喜开的篇，会有这样凄惨的结束，这一段公案到哪一天才判得清？”

天长地久有时尽，此恨绵绵无绝期。

徐志摩深陷载不动的情愁里，那一部《爱眉小札》，记录了倾城之恋，读来情意绵绵，真挚感人。那是诗人遇见真爱在叩问苍天，爱、自由和美，究竟在哪里？

徐志摩和陆小曼，一个是浪漫赤子，一个如绚烂烟火，一个再娶，一个再嫁，皆是有违封建礼教的，然而他们坚贞不移。他们的爱情充满了坎坷风雨，却也是二十世纪初最光彩夺目的一段佳话。

眉无摩不自得，摩无眉更手足不知所措也。

或许，徐志摩来到世上，情事辗转，就是为了寻找她的。

坐在夜色里，他在月的眼眸里，看见了爱的美！

第七卷 甜美是梦里的光辉

相思本是无凭语，莫向花笺费泪行。

深陷爱情中徐志摩，在煎熬中苦苦等待。刻骨铭心的爱，哪里才是你一枝独秀的风景？爱上了陆小曼，他更加深刻地领略了思念的滋味、分离的愁苦和妒忌的煎熬。

夜深风竹敲秋韵，万叶千声皆是恨。

故欹单枕梦中寻，梦又不成灯又烬。

因为有爱，才会有期待，所以纵使失望，也是一种幸福，虽然这种幸福有点痛。

那段日子，是他难熬的时光，所有的期盼，都挣扎在无望和期待中，如水的女子，如山的男儿，幸福深不见底。

徐志摩写道：我是在梦中，她的温存，我的迷醉。

历经艰辛

形影不离，相亲相爱，让所有的日子丰腴和饱满，在婚姻爱情的问题上，徐志摩追求浪漫和理想，他的思想前卫而与当时的社会所不容，他所遭受的舆论抨击，是我们难以想象的。

他是勇敢的新思潮的代表人物。

他诗歌里，无处不折射着的爱情理想和唯美追求，他与妻子张幼仪的离婚，就是中国历史上震惊一时的第一宗文明离婚事件。

为了追寻灵魂之伴侣，他敢为人先，离弃了奉父母之命结婚的妻子张幼仪；他与陆小曼的相恋，遭到了许多人的反对，他的态度，却始终是坚决的。

翘首，苦盼，牵肠挂肚。遭遇霜打的心灵，以滴血的月光，望穿秋水，即便如此，他也要勇敢地迎着来自各方面的压力，拨弄着心灵的琴弦，等待着灵魂之伴侣那款款的步履，踏着琴音的节奏，来到他的身边。

徐志摩对陆小曼说：恋爱是大事情，是难事情，是关生死超生死的事情——如其要到真的境界，那才是神圣，那才是不可侵犯。

为了和陆小曼在一起，两个人甚至想到了私奔。

爱人，等我。再过九十九道山梁，我就来到你的身边。陆小曼就像远风中摇曳的一朵盛开着的鲜花，在向他招手、呼唤。

四季在更迭，北京城会有奇迹发生吗？街头行人匆匆，空气里似乎浮动着旧时代令人压抑的气息。那朵鲜艳花朵的芬芳，为何不曾闻到？

那破旧的房屋，阁楼的尘埃，飞起的鸽群，于他起伏的心脏里，刮起了凛冽的秋风，梦是自己的，如玫瑰花一样的美丽，伤口却是别人给予的耻辱、自己坚持的幻觉。

陆小曼的侄孙邱权曾有这么一段描写："我印象当中提到，曾经我姑婆和王庚离婚的时候她已经怀孕了。怀孕的时候当时陆小曼的母亲也是以这一条作为一个非常强烈的理由反对，但是陆小曼非要把这个孩子给打掉。当时我记得我听我母亲讲过，外婆也讲过，他们就曾经要求是不是孩子生下来就由我外婆来带。当时那个社会里面，堕胎好像是很不传统的那么一回事情。但是我姑婆是很坚持（堕胎）。"

王庚尽管到了哈尔滨，但他还是经常关心陆小曼。到后来他知道陆小曼想跟他离婚，他一开始还是不同意的，因为他心底里还是爱陆小曼，尽管两个人志趣有点不同。

为了让陆小曼的父母同意自己的女儿离婚，徐志摩让最信赖的好友，在北大做教授的胡适去作说客。其结果很不理想，到了1925年春天，被逼上梁山的徐志摩，又请出刘海粟撮合此事，说服陆小曼父母。

刘海粟在北平闲居期间，陆小曼曾拜刘海粟为师学画，在加上陆母和刘海粟同是常州人，有乡谊，还有点瓜葛之亲。陆家对刘海粟很是器重。刘海粟走进陆家，坦言对陆母提起徐志摩与陆小曼的关系，陆母叹了一口气，说："海粟，你我都是常州有名望的世家，女儿结过婚又离婚，离掉再结婚，说起来有失体面家声，成什么话呢？"陆母还说，其实他们对徐志摩并没有反感，只是人言可畏。刘海粟曾逃出封建婚姻，深知无爱婚姻的痛苦，更视反封建为己任，为了朋友和学生的幸福，他责无旁贷。在上海，刘海粟宴请朋友，慷慨激昂地陈述关于男女爱情和婚姻的基础是爱情，没有爱情的婚姻是违反道德的。

王庚是极聪明的，他早已觉察到了刘海粟的醉翁之意不在酒。这个时候他举杯向刘海粟、徐志摩、以及在场的所有人说："愿我们都为自己创造幸福，也为别人的幸福干杯。"

酒宴散席后，王庚推说自己有公务先走一步，让陆小曼随母亲回去。

这场功德林的鸿门宴至此曲终人散，王庚考虑再三，最终同意离婚。结束与陆小曼的这段婚姻后，王庚便未再娶，1943年11月，他抱病参加开罗会议，病逝于开罗。

宴会后，徐志摩给王庚写了一封英文长信，至此，永难解决的僵局打开了。

王庚则对陆小曼说：我祝福你和志摩以后能得到幸福，手续我会在几天后办好。

两个月后，王庚与陆小曼正式离婚。

这样的离经叛道，是对是错？恐怕历史早已做出了结论。

寻寻觅觅，花开花落，水涨了又落，落了又涨。

一枚叶子，与秋风亲近。徐志摩终于如愿以偿，他在疲惫和倦怠中回望，那片悠然自得的空旷和辽阔，展现在眼前；如豆的红颜，如约开放，徐志摩的心，也恍若开花。

如此拼杀得来的相恋，会幸福吗？他所追求的爱、自由和美，又是怎样的结局？

谁会在神面前为我祈得千年之福？愿爱永远不老！

终于恢复自由之身的陆小曼，一拿到离婚手续，就迫不及待地去北京找徐志摩，两颗历经苦难的心，融在了一起。徐志摩在北京中街租下院子，陆小曼搬去和他同居，那是他们的爱巢。

相守的日子，韵味无穷。

心心相映，寒冷的日子，你就是那唯一能御寒的火，以燃烧的激情，照亮我一生的春天。

好事多磨。徐志摩没有想到，虽然，陆小曼与王赓已经离了婚，但他与她的婚事仍是千难万难。

诚然，陆家这边已同意了，徐申如却坚决反对这门亲事。胡适又一次作为“特使”跑去徐家说服徐申如，却无功而返。

无风的夜晚，徐志摩立在窗前，仰望那轮新月，无奈无助。承受这命运的风吹，苦苦延续着一朵花开，命定中的不期而遇，饱尝苦难。

1925 年的冬天，徐志摩迎着冷冽的寒风，再次南下，回家说服父亲。

又一次和爱人暂短的离别，他却不舍。望着满脸泪痕的陆小曼，柔声叮咛：“眉眉，好好养息吧！我要你听一句话，你爱我，就该听话。晚上早睡，早上至迟 10 时得起身。好在扰乱的摩走了，你要早睡还不容易？初起一两夜许觉不便，但扭了过来就顺了。”“记住太阳光是健康惟一的来源，比什么药都好。”

情深长长，爱意绵绵。

终于到了上海，徐志摩坦然对父亲提出了娶陆小曼为妻的要求。徐申如长叹一声，提出他必须听听张幼仪的意见，才能决定徐志摩和陆小曼的婚事。徐申如说，儿子和张幼仪在德国的离婚没有征得双方父母的同意，是不算数的。现在，张幼仪仍然是他徐家的媳妇。

等待的日子是难熬的。在上海焦急等待张幼仪回复的徐志摩，感觉老去了时光和岁月，一切夜色都是失眠的。他思念着远在北京的陆小曼，几乎一天一封信，表达着他的相思之苦："眉眉，这日子没有你，比白过都不如。什么我都不要，就要你。我几次想丢了这里。""眉眉，这怎好？我有你什么都不要了。文章、事业、荣耀，我都不要了。诗、美术、哲学，我都想丢了。有你我什么都有了。抱住你，就好比抱住整个的宇宙，还有什么缺陷，还有什么想望的余地?"徐志摩关心陆小曼，也关心着她的父母："你那边二老的起居我也常在念中。娘过年想必格外辛苦，不过劳否？爸爸呢，他近来怎样，兴致好些否？糖还有否？我深恐他们也是深深的关念我远行人，我想起他们这几月来待我的恩情，便不禁泫然欲涕！"

一晃，几个月过去，徐申如还在气恼，还是不肯爽快的答应。7 月 9 日，徐志摩在江南硖石的西山上与父亲做了一次恳切的交谈，但效果并不怎么理想。在给陆小曼的信中，他提及了自己的不愉快："眉：我还只是满心的不愉快，身体也不好，没有胃口，人瘦的凶，很多人说不认识了，你说多怪。但这是暂时的，心定了就好，你不必替吾着急。今天说起回北京，我说二十，爸爸说不成，还得到庐山去哪！我真急，不明白他意思究竟是怎么样！"

终于，张幼仪从德国回来了，让徐申如没有想到的是，张幼仪竟然同意徐志摩和陆小曼结婚。爱子心切的徐申如没有了反对的理由，只好同意他们俩订婚，只是他要胡适出面，担任介绍人。徐志摩见婚事有望，高兴得想马上回到北京向陆小曼求婚，在给陆小曼的信中，他掩饰不住自己的喜悦：“眉，所以你我的好事，到今天才算磨出了头，我好不快活。今天与昨天心绪大大的不同了。我恨不得立刻回京向你求婚，你说多有趣。”“我急想回京，但爸还想留住我，你赶快叫适之来电要我赶他动身前去津见面，那爸许放我早走。”

后来，经胡适、刘海粟等人的调解，徐申如最后勉强答应，但他也提出了三大条件：

一，结婚费用自理，家庭概不负担；

二，婚礼必须由胡适做介绍人，梁启超证婚，否则不予承认；

三，结婚后必须南归，安分守已过日子；

为了能与陆小曼结婚，徐志摩这三条都答应下来。

那馥郁的繁花，终于煎熬成了一朵成熟的芬芳。

北京草长莺飞的时候，徐志摩回到北京，与陆小曼双双重游北海。

徐志摩仿佛望见了江南故乡青砖灰瓦白墙的老宅和千年老树，以及锈迹斑驳的窗棂上，刻着的旧日时光，听着吴侬软语，感觉到梦里的甜蜜，如同一片清美的月光，沿着他记忆的方向行走，前方，依旧是一颗芬芳如故的心，如期地守候在你的枝头。

尴尬婚礼

八百年修来的厮守，徐志摩欣喜若狂，他在给陆小曼的信中写道：

我心头平添了一块肉，

这辈子算是有了归宿！

看白云在天际飞，

听雀儿在枝上啼。

忍不住感恩的热泪。

我喊一声天，我从此知足！

再不想望更高远的天国！

在这忘情的文字里，不难看出，徐志摩的情，就像一杯酒，醉了岁月中的人。

徐志摩在回眸的一瞬间，似乎看到了江南烟雨中，那些清美的故事，隐在岁月的深处，是在提醒着徐志摩迷途知返？亭台的美酒，长亭的相送，断桥的残雪，秦淮河两岸的桨声灯影，那情，那爱，那美，让谁披一身的思念，踟蹰在天涯路上？

不管徐申如如何的恼怒，他还是心疼唯一的儿子，他在江南故乡硖石为徐志摩准备了豪华婚房，那是一座二层的豪华新房。徐志摩取名为“眉轩”。

1926年农历的七月初七，牛郎织女相会的日子，中国的情人节，徐志摩和陆小曼在北海公园举行了订婚仪式。

两个相亲相爱的人，是否幸福？可能谁也没有想到，北海大婚，梁启超当头棒喝！同年的10月3日，挣脱旧的婚姻的徐志摩和陆小曼在北海公园举行盛大婚礼。众人哗然，在一双双不解的目光中，31岁的徐志摩，穿着中式礼服，挽着24岁妩媚秀雅的陆小曼，在男女傧相的簇拥下，带着幸福的微笑款款步入礼堂。

胡适是介绍人，梁启超是证婚人。

人们没有看到徐申如夫妇，他们根本就不承认这桩婚事。

司仪宣布证婚人梁启超发言，正襟危坐、不拘言笑的梁启超站起身来，环顾了一下四周，然后，把目光投向了徐志摩和陆小曼，说："徐志摩、陆小曼！你们的生命，从前经历过些波澜，当中你们自己感受不少的痛苦！社会上对于你们还有不少得误解。这些痛苦和误解，当然有多半是别人给你们的，也许有小半有你们自招的吧？……你们基于爱情结为伴侣，这是再好不过的了。爱情神圣，我很承认，但是须知天下神圣之事，不止一端，爱情以外，还多着哩……徐志摩，你是个有相当天才的人，父兄师友，对于你有无穷的期许，我问你，两性情爱以外，还有你应该做的事情没有，从前因为你生命不得安定，父兄师友对于你，虽一面很忧虑，却一面常常推情原谅，苦心调护，我问你，你现在算得安定没有，……陆小曼，你既已和徐志摩做伴侣，如何积极地鼓舞他，做他应做的事业，我们对于你，有重大的期待和责备，你知道吗？以后可不能再分他的心，阻碍他的工作。你是有一种极大的责任，至少对于我证婚人梁启超有一种责任。徐志摩，你这个人性情浮躁，所以在学问方面没有成就；你这个人用情不专，以致离婚再娶，以后务要痛改前非，重新做人！……我作为你徐志摩的先生——假如你还认我做先生的话——又作为今天这场婚礼的证婚人，我送你们一句话：祝你们这次是最后一次结婚。"

梁启超的当头棒喝，让徐志摩面红耳赤，婚礼陷入极其尴尬之中。

对于徐志摩的再婚，梁启超是激烈反对的。他喜欢徐志摩的才华和激情，在他的身上他看到了自己的影子，所以，他坚决反对徐志摩娶陆小曼，他曾痛心地对徐志摩说："你早晚会连性命都送到她手里……”只是，这惊心之语也不能唤醒梦中人。

梁启超这一通惊世骇俗的结婚证词，当真是前无古人后无来者。不但令所有的来宾瞠目结舌，也令徐志摩和陆小曼脸无处搁。徐志摩走向前去求饶：“请给学生留点面子吧！”

于是，徐志摩和陆小曼的婚礼，因为梁启超的著名训词而闻名于世，而徐志摩和陆小曼两个人的爱情命运，却不幸被阅人无数的梁启超看穿，他的预言，一语中的，不幸言中。

婚礼礼毕，按理说，应该大宴宾客，鲜花美酒才是婚礼的高潮。徐家是富商之家，家底殷实，陆家更是北京的豪门望族，婚礼没有理由寒酸。徐志摩和陆小曼的婚礼，却出乎意料之外，礼毕之后，没有豪华大宴，只是茶点招待，显得和主人的身份极不协调，低调寒酸。虽然，有人说，诗人想开文明结婚之风气，不愿意以大吃大喝落入俗套。其实不然，因为没有家援，徐志摩自掏腰包，所以只能从简。宾客中有些人，是来看热闹的，交头接耳，窃窃私语，还有一些小报记者，竟然据此情形刊登了不少下流消息，诋毁两人。

有人诋毁，就有人赞扬，那股冲破封建牢笼，争取自由真挚的爱情的喝彩声音，不断地冲击着封建礼教，郁达夫就热烈地赞美徐陆二人的姻缘：“志摩和小曼的一段浓情，若在进步社会里，有理解的社会里，这一种事情，岂不是千古美谈？”

爱如生命，必须勇猛。徐志摩和陆小曼顶着来自各方面的压力，携手走进婚姻殿堂，婚礼的尴尬、难堪，徐家的冷漠，都没有影响两个人的兴致，徐小曼在《爱眉小札》的序言里写道：“以后日子中我们的快乐就别提了，我们从此走入了天国，踏进了乐园……一同回到家乡，度了几个月神仙般的生活。”

只是，他们不知道，结婚，仅仅是这出情感之戏的开始，他们的结合会幸福吗？

夕阳的余晖，被装进夜的行囊。

困守上海

那是一段难以忘怀的时光，是谁的纤纤指尖划过幸福的意象，沾满岁月的沧桑？

甜美的爱情，仅仅是梦里的辉光吗？

那枚新月，晚升晨落，银辉依然散落人间，照亮尘世的角角落落。婚后的徐志摩，在明亮的月光之中梳理生活，拾取、丢掉那些飘渺的东西，开始享受安逸的生活。他奉父亲徐申如之命携陆小曼回到江南故乡浙江硖石过起了隐居生活。

那是怎样一段日子呢？在给前妻张幼仪的信中说："我们在上海一无事情，现在好了，房子总算完了工，定十月十二（阴历）回家，从此我想隐居起来，硖石至少有蟹和红叶，足以助诗兴，更不慕人间矣！"

浪漫的徐志摩新婚燕尔，完全沉浸在了诗意和沉醉里，每一个细胞里都感觉到春天般的幸福！

那是多么惬意的生活，一份温情，一段风景，看一本书，剪一束春花，咏诵一脉诗情，消磨一缕寂寞，那一份执着，终于尘埃落地。

尽管父亲徐申如不喜欢陆小曼，还是为他们建造了豪华新屋，一座漂亮的二层小楼。但现实就是现实，一场场冲突发生在父母和妻子陆小曼之间。陆小曼的生活习惯，老人看不惯；她的慵懒，她什么事情都不会做，让老人看不惯；她的一副城市大小姐的派头，什么都要高档的，老人更看不惯。更让徐申如生气和难以接受的是，陆小曼竟然不会管钱！更别说打理徐家的生意！一怒之下，徐申如夫妇离开硖石，起程去北京找张幼仪了。公公婆婆的离开，对陆小曼是一个沉重的打击。不久，她就得了肺病，休养了一段时间后，身体才慢慢恢复。老人走了，两个人的生活倒也轻松自在。

徐志摩在一朵花中隐居，生活就像一坛陈年老酒，他深醉其中，欢悦无限。

只是好景不长，1927 年 2 月，北伐军东路军发起江浙战争，3 月，北伐军占领杭州。战事打破了徐志摩和陆小曼在江南故乡如世外桃源般的生活，他们不得不移居上海。滞留异乡，他们的幸福是否能安然无恙？徐志摩在幸福的语境里，感受到了细微的苍茫。

1927 年 1 月。徐志摩在分别写给恩厚之、胡适的信中，流露出了对这次移居上海的无奈："我们婚后头两个月在一个村镇中度过，既宁静又快乐；可是我们现在却混在上海的难民中间了，这都是拜这场像野火乱烧的内战之赐。敝省浙江一直是战乱不侵的，使其他地方的人羡慕不已，但看来这一次也不能幸免了。""在硖石的一个月，不错，总算享到了清闲寂静的幸福。但不幸这福气又是不久长的，小曼旧病又发作，还得扶病逃难，到上海来过最不健康的栈房生活，转眼已是二十天，曼还是不见好。"

困守上海客栈，徐志摩整个心都被忧伤所笼罩，他感觉自己和陆小曼就像一株蒲公英花序上的两束绒花，终将逃不过要被命运的风无情地吹散。陆小曼生着病，又居无定所，住客栈，居朋友家，在拥挤的人群里随波逐流。感受着这个城市污浊的空气和混乱的风情。没有钱，没有工作，北京的徐申如又断绝了对他们的接济；战乱，物价飞涨，徐志摩和陆小曼举日维艰。

生命是河流，曾带着他穿越无限宽广的森林和平原，可此时，徐志摩不知道自己停留的时间，也没有远去的方向，他的灵魂深处一片空白。

一个在路上的人，会渐渐地丧失对目的的追寻，只保留一些感受，瞬间的温暖和寒冷，富有和贫乏，都像毒药一样，慢慢侵蚀人的身心。徐志摩想离开上海去欧洲，可又走不了。他在给胡适的信中，一再流露出不满与无奈："你信上说起见恩厚之夫妇，或许有办法把我们弄到国外去的话，简直叫我惝恍了这两天！我哪一天不想往外国跑，翡冷翠与康桥最惹我的相思，但事实上的可能性小到我梦都不敢重做。""留在上海也不妥当，第一我不欢喜这地方，第二急切也没有合我脾胃的事情做。""留在中国的话，第一种逼迫就是生活问题。我决不能长此厚颜倚赖我的父母。就为这经济不能独立，我们新近受了不少的闷气。转眼又到阴历年了，我到哪里好？干什么好？"

徐志摩口气里的失意，就像暧昧的蓝色，模糊不清，被破碎的泪水和梦魇冲洗。他慢慢地蜷缩成寂寞的姿势！

杜拉斯说，我可以用我的整个身体，我的全部生命来哭泣。那是我的一个机会。

说到底，和陆小曼的爱情，是徐志摩的伤。

为了爱情，徐志摩几乎放逐了自己的生命和所有。

杜拉斯说，我们后悔彼此并不相爱。我们根本什么都不知道。而他这个人，和别人也没有什么不同，就像夜里遇到的最后一个顾客。

最后，徐志摩还是在上海安置了下来。因为喜欢交际享受的陆小曼不想离开"十里洋场"的大上海。还有上海的政局逐渐稳定，徐志摩也找到了工作，同时在光华大学、东吴大学、大夏大学这三所大学里任教。在秋阳高照、秋风飒飒的日子里，徐志摩和陆小曼搬到了环龙路花园别墅11号，后来又搬到福熙路四明新村居所。陆小曼的父母也来上海与他们同住。

陆小曼的挥霍无度，让徐志摩极其辛苦。为了赚钱养家，他每天到三所大学讲课来回奔波，连一点儿的闲暇时间都没有。而陆小曼却交际极广，她跟朋友出去打牌，跳舞，看戏，一天到晚都不着家，独自享受沉沦的快乐，渐渐地，她对徐志摩也没以前关心了。如此境况，让徐志摩苦不堪言，他向朋友诉苦："光华东吴（大学）每日有课，一在极西，一在极东，设如奔波，隆冬奈何？""然而上海生活，休矣休矣。几月来真如度死，一无生气，一无著述。""小曼累病不健，今稍活络，则又允天马会为筹款演剧贩马记狮吼记。弦管节拍，又复喧嚣。"

难道爱情真的是烟花，只带来黑暗中一场美丽的幻觉？甜蜜也仅仅是梦里的光辉？

徐志摩落拓而矛盾，心里隐忍和潜伏的激情，时时像一股暗流冲击着他，那是窒息和疼痛藏在内心的幻想和往事。

爱情是一束转瞬即逝的烟花。天一亮，美梦醒来，甜蜜不在，自己依然孤独！

因为，我们不能飞跃沧海。

迷惘秋声

列夫·托尔斯泰说："人生的一切变化，一切魅力，一切美，都是由光明和阴影构成。"

秋风无声，恍若眼前。婚姻的光影，是一张巨型的网，束缚了徐志摩的翅膀，躲藏在时光的隧道里，生活中意料不到的复杂，让他无处安放动荡破碎的心。

夕光自指间滴落，徐志摩和陆小曼在上海生活的一年中，由于性格、兴趣的不同，导致了两个人摩擦不断发生。婚后的陆小曼人性表露到了极致。她喜欢玩，喜欢热闹，偏于懒散，享受安逸的生活；而徐志摩则喜欢静，喜欢思考，向往过一种积极向上的生活。

秋风里，落寞和迷惘的心绪让徐志摩头疼，而陆小曼仍然我行我素。她挥霍无度，包定剧院、夜总会等娱乐场的坐席，一掷千金的去赶场、捧角，去“大西洋”“一品香”吃大菜，家里佣人一大堆，还长期雇佣汽车等，一个月下来，生活费高达五六百银圆（相当于现在的两万元左右）。徐志摩疲于奔命，一个月的薪水根本不够陆小曼的开销。深爱妻子的徐志摩不得不在授课之余赶写诗文，以赚取稿费，但仍然是捉襟见肘。更为严重的是陆小曼染上了鸦片，这无疑又给徐志摩增添了一笔巨大的开销。愈发懒惰、贪玩的陆小曼，为了订做演戏行头，甚至把恩厚之寄给他们夫妻俩赴欧学习的费用也给花了。这让徐志摩郁闷、苦恼至极，却又无可奈何。

家本是港湾，是夜归的地方，然而却未必温暖。

徐志摩为生活所累，在忙碌、忧愁和孤寂中，踏着沉重的脚步，却只见希望的痛楚和理想的苍茫。

1927 年 12 月，陆小曼要求徐志摩和她同台演出《玉堂春·三堂会审》，徐志摩为了不扫她的兴致，勉强答应了。演出那天，上海夏令匹克戏剧院格外热闹，徐志摩和陆小曼投入的演出，也受到了好评。不想到了 17 日，《福尔摩斯小报》便刊出了标题为《伍大姐按摩得腻友》的文章，影射陆小曼与翁瑞午之间的关系。令徐志摩万分尴尬。文章虽有不实之处，但陆小曼与翁瑞午的关系也确实密切。徐志摩受到严重伤害，夫妻俩的关系渐趋紧张。但陆小曼并没有为此放弃交际和灯红酒绿，仍然我行我素地与翁瑞午交往，大上海的诱惑和挑逗让她迷醉、沉沦。

千姿百态、五颜六色的路，万花筒般的世界，在徐志摩心的渴求和眼前的幻象里延伸，他像晨曦一样挣扎在孤独的呼喊和寂寞的呻吟中。生命之线紧紧拽着两根悠悠的韧丝，在罂粟一样的爱情中，频临崩断。

秋声慢，迷惘笼罩着徐志摩的悲哀，爱与被爱就像绝望的花瓣，在风中朝泥土滑落，他多么渴望站在远古的山巅狂喊一声，猛烈些吧！秋风！掀起我的衣襟，吹醒我的头脑吧！让七彩虹桥辉映我的心灵！

秋声迷茫中，笼罩在深深的悲观之中的徐志摩，感觉时光都衰老了。当初，他飞蛾扑火般地追寻唯一的灵魂之伴侣，难道，真的是一场瞬间满目灿烂绚丽的烟火？可黑暗寂寞的夜空中，那枚新月呢？

秋声凄楚，生活更是无奈！

应暨南大学秋野社的邀请，徐志摩给全校师生做了一次讲演，题为《秋声》。整场演讲都充满了悲观的情绪。

徐志摩说，两年前在北京，也是这么一个秋风生动的日子，有一次讲演，题目叫《落叶》。

徐志摩在白天或者黑夜里，听到细碎柔软的叶子，在秋风中飘落的声音。那是衰败和凋零的象征，它的情调几乎是悲哀的。但是这些在半空里飘摇，在街道上颠倒的小树叶儿也未尝没有它们的妩媚。它们的颜色和意味，在少数有心人看来，在这宇宙间并不是完全没有地位的。因为在春风回来的那一天，这些卑微的生命的种子又会从冰封的泥土里翻出一个新鲜的世界。它们的力量是不容置疑的。

只是，那时的徐志摩感到的沉闷真是一种不可形容的沉闷。它仿佛是一座大山，他整个的生命都叫它压在底下。

从《落叶》到《秋声》，时间如流水，又过去了两年。一切似乎都没有什么改善。那一大堆丑陋的臃肿的沉闷、压死人的沉闷，依旧笼罩着徐志摩的思想和生命。他不能抵抗，他再也没有了力量。人们维持生命的不仅是面包和饭，还有情爱、敬仰与希望。爱，值得敬仰，容许希望，但现在是什么光景？火热的胸膛里有爱不能爱，有敬仰心不能敬仰，要希望也无从希望。

演讲中的徐志摩朝窗外望去，秋声中，似乎有一群鸟振翅飞去，那是一种不确定的归宿的隐喻吗？他打了个寒颤，偏偏在这个时候要他来讲话，这是一种异样的难受。他难受，因为他自身的悲惨，也因为他曾经憧憬的爱情正慢慢被现实吞没。

所以，爱上不该爱上的人也是一种错！

惨痛的伤口是难以拿出来示人的，只能把它藏在角落里。不难看出，徐志摩这次演讲的内容，都是从心脏最冷僻的地方流淌出来的，句句悸动、迷惘、震撼！

那是整个生命的况味！

也许，他该离去，温暖淳朴的爱人们，像鸟儿一样，纷纷飞离物欲的城市。

第八卷 开拓文艺疆土情

新月光华，遍撒大地。

原野打开视窗，心思逐渐绵长。生命的疼痛滋长于自我挖掘的伤口。徐志摩和陆小曼的婚姻并不幸福，就像金黄的落叶，憔悴了面容，相同的感受却承受着不同的感伤。他默然凝视着深蓝色的夜空中，那枚银色的新月，想起泰戈尔在散文诗《新月集》里《我的歌》一章里说：“我的歌将成为你梦的翼翅，他将把你的心移送到不可知的岸边。”

生活对于徐志摩来说，是一次艰难的航行，他不知道，那汹涌的潮水会不会上涨，他还能抵达那不可知的岸边吗？

他那颗被揉搓的灵魂，还会有激情吗？

也许，有那枚新月，激情还在。

大雁飞过，长风吹起，他看见了那把生锈的锁，锁着没有期限的牢笼，那是他的痛点。

“长风破浪会有时，直挂云帆济沧海。”李白的诗句，以一种激越的情绪，在他的脑海里激荡，他看到了新月美丽的色彩，他必须突破灵魂的孤独，以独特的方式燃烧生命。

新月光华

那枚新月，让身处困境的徐志摩的心灵有所依靠，他不再绝望。

1927 年，上海的春天蓬蓬勃勃，浓烈而明亮，徐志摩沉浸在自我的精神世界里，纯美的思绪，让他每一条心的纹路都被春天的温暖所覆盖，他准备有一个新的开始，在新的一年要拿出一点成绩来。徐志摩神情自若地把胡适、闻一多、余上沅、丁西林、梁实秋等一帮朋友聚集在一起，提议要开展文学活动，大家七嘴八舌地谈着自己的想法，空气里弥漫着诗情画意的味道，徐志摩感觉到了，他的生命激情，有着缓慢释放的美丽。经过商量，他们决定先办一个新月书店，然后再办月刊。

同年的 7 月 1 日，徐志摩和胡适、闻一多等人筹备的新月书店在上海正式开张；到了 1928 年 3 月 10 日，经过联络、协调、奔走呼号，由其主编的《新月》诗刊正式创刊。

这两件关于新诗的大事终于尘埃落定，徐志摩呼出一口气，诗歌情怀，溢满心胸。

徐志摩在《新月》月刊创刊号上发表了发刊词《“新月”的态度》。

只有诗歌和文字才是徐志摩灵魂的安慰。此时，他平静地站在街边的阳光下，内心却是激流暗涌，那是他诗怀的诱惑，让他有着不羁的潇洒和气度。那脑海里涌动的诗句，像不可琢磨的感觉，更像原野上盛开的蓝紫色的野花，在风中烂漫。

明亮的情绪让徐志摩的灵魂，保持着灵敏的状态。

徐志摩的这篇发刊词，堪称“新月派”的宣言，而徐志摩也顺理成章地成为新月派的灵魂人物。

他在文章的开头，就引用两句话，足以说明，文章中展开的故事，是他在新月下留下的伫立的身影，诱惑采光。他的第一句话说：“上帝说，要有光，便有了光。”这是圣经《旧约·创世记》的话，引用了这样一句话，徐志摩的心情也有了张扬的感觉，那是一种伤感、不羁、优雅和野性、惆怅混合的情绪，就像清脆的鸟鸣，在寂静的风中回荡；他还引用了雪莱的著名诗句：“如果冬天来了，春天还会远吗?”表明他对《新月》月刊的希望和信心，也表明他自已找回了曾经丧失的对自然和生命的感受。

在正文的开头，徐志摩对《新月》月刊作了这样的解释：

我们这月刊题名新月，不是因为曾经有过什么新月社，那早已散消，也不是因为有新月书店，那是单独一种营业，它和本刊的关系只是担任印刷与发行。《新月》月刊是独立的。

我们舍不得“新月”这名字，因为它虽则不是一个怎样强有力的象征，但它那纤弱的一弯分明暗示着、怀抱着未来的圆满。

我们这几个朋友，没有什么组织除了这月刊本身，没有什么结合除了在文艺和学术上的努力，没有什么一致除了几个共同的理想。

凭这点集合的力量，我们希望为这时代的思想增加一些体魄，为这时代的生命添厚一些光辉。

但不幸我们正逢着一个荒歉的年头，收成的希望是枉然的。这又是个混乱的年头，一切价值的标准，是颠倒了的。

要寻出荒歉的原因并且给它一个适当的补救，要收拾一个曾经大恐慌蹂躏过的市场，再进一步要扫除一切恶魔的势力，为要重见天日的清明，要治理活力的来源，为要解放不可制止的创造的活动———这项巨大的事业当然不是少数人，尤其不是我们这少数人所敢妄想完全担当的。

但我们自分还是有我们可做的一部分的事。连着别的事情我们想贡献一个谦卑的态度。这态度，就正面说，有它特别侧重的地方，就反面说，也有它郑重矜持的地方。

……

我们不敢附和唯美与颓废，因为我们不甘愿牺牲人生的阔大。为要雕镂一只金镶玉嵌的酒杯。美我们是尊重而且爱好的，但与其咀嚼罪恶的美艳不如省念德性的永恒，与其到海陀罗凹腔里去收集毋瑚色的妙药还不如耸身在扰攘的人间倾听人道那幽静的悲凉的清商。

我们不敢赞许伤感与热狂，因为我们相信感情不经理性的清滤是一注恶浊的乱泉，它那无方向的激射至少是一种精力的耗废。我们未尝不知道放火是一桩新鲜的玩艺，但我们却不忍为一时的快意造成不可救济的惨象，“狂风暴雨”有时是要来的，但狂风暴雨是不可终朝的。我们愿意在更平静的时刻中提防天时的诡变，不属意藉口风雨的猖狂放弃清风白日的希冀。

我们当然不反对解放情感，但在这头骏悍的野马的身背上我们不能不谨慎的安上理性的鞍索。

我们不崇拜任何的偏激，因为我们相信社会的纪纲是靠着积极的情感来维系的，在一个常态社会的天平上，情爱的分量一定超过仇恨的分量，互助的精神一定超过互害与互杀的动机。我们不愿意套上着色眼镜来武断宇宙的光景。我们希望看一个真，看一个正。

我们不能归附功利，因为我们不信任价格可以混淆价值，物质可以替代精神，在这一切商业化恶浊化的急坂上我们要留住我们倾颠的脚步。我们不能依傍训世，因为我们不信现成的道德观念可以用作评价的准则，我们不能听任思想的娇健僵化成冬烘的臃肿。标准，纪律，规范，不能没有，但每一时代都得独立去发现它的需要，维护它的健康与尊严，思想的懒惰是一切准则颠覆的主要的根由。

……

徐志摩的文章中还说：

“我们对我们光明的过去负有创造一个伟大的将来的使命；对光明的未来又负有结束这黑暗的现在的责任。我们第一要提醒这个使命与责任。我们前面说起过人生的尊严与健康，在我们不曾发现更简赅的信仰的象征，我们要充分的发挥这一双伟大的原则——尊严与健康。尊严，它的声音可以唤回在歧路上彷徨的人生，健康，它的力量可以消灭一切侵蚀思想与生活的病菌。

我们要把人生看作一个整的。支离的，偏激的看法，不论怎样的巧妙，怎样的生动，不是我们的看法。我们要走大路。我们要走正路。我们要从根本上做工夫。我们只求平庸，不出奇。

我们相信一部纯正的思想是人生改造的第一个需要。纯正的思想是活泼的新鲜的血球，它的力量可以抵抗，可以克胜，可以消灭一切致病的霉菌。纯正的思想，是我们自身活力得到解放以后自然的产物，不是租借来的零星的工具，也不是稗贩来的琐碎的技术。我们先求解放我们的活力。”

作为新月派的灵魂人物，徐志摩就像站在一湖碧水前，用身体和思想展开湖景，绿了湖色，绿了荷香，绿了心坎，生命追求的梦想，给力荡漾一池春水，勃起一路芬芳。但是，徐志摩富有幻想的、夸张的发刊词，体现了新月同仁在黑暗的时代和混乱的文坛中，开辟一条新路的积极心态。有着一种感受潮涨的冲动，像蝶翅的颤动，美丽的心痛而虚幻，轻盈的感受而迷蒙，仿佛在倒空的酒杯装上火焰。

他的天真的、超然的、不切实际的新月态度很快就招致文艺界的合力批评，尤其是鲁迅的一针见血的批判。

徐志摩突然转身，那灵魂寺里的一声钟鸣，好似一道闪电，烧他成灰。

新月下，他依然困守，孤绝。

美展成功

谁的梦里，新月的辉光依然灿烂?

新月下，文字的唏嘘、泣咽，就是窗外唯一醒着的露珠，打湿了徐志摩赤裸的清梦。

时光清香，载着他年轻的诗意情怀行走在路上。他感觉到，那道绚丽的彩虹仍然辉映着他单色的心灵。文化疆土，永远是他心灵的家园。

1929年，南京国民党政府教育部举办的第一届全国美术展览会上，徐志摩参会并被推举为筹备处理事，他意识到了肩上的责任。他不是旅客，文化疆土是他灵魂之家；他不是隐士，他本来就属于文化。

徐志摩开始为美展的事忙碌了，不为浮名，非关盈利，那是他生命的骚动纠结着一生的梦想；是一种激情在心中的呐喊，从来不肯停歇。

徐志摩发挥着自己的才能，他先与杨清馨合编《美展汇言》，然后，在这一刊物上发表了《美展弁言》。在《美展弁言》中，徐志摩阐明了美术的重要性和各国政府对其的重视，并叙说了美术的时代性和中外比较研究的问题。他说第一次全国美术展览会，在困难重重的情形下，竟能安然地正式开幕，不能不说是一件可喜的事情；公开展览美术作品在中国国内是到那几年才时兴的事情，该次美展的性质与规模更是前所未有的，书画、雕刻建筑以及工艺美术各种形式都有。不仅本国美术家，侨民中的美术家也有作品参展；不仅当代美术，古代的以及国外的作品也一并陈列以供参考。所以该次美展在规模方面堪称是创举。

徐志摩就画展性质进行了论述："此次美展是由教育部主办的，这是政府提倡美术初次正式的表示。在历史上宋朝曾有过极堂皇的画院，前清乾隆时代也算有一页馥郁的艺术史；但在以前美术是君王乃至达官贵人们独占的欣赏，对一般民众来说，什么梁待诏李龙眠等大名只是海上仙山一流飘渺的风闻，怎么也瞻仰不到的。就到现在除了在北京有个故宫博物馆及三殿（那也难得开放）给民众一个开眼的机会以外，在别的地方哪看得到什么有价值的美术，少数收藏家的大门不是用铁铸就有武装的印度人看着，除了少数有钱有势的或是洋人外谁能看得着？如果美术的成绩是一个民族最可自傲的一分家当，如果艺术是使生活发生意义与趣味的一个重要条件，如果接近伟大艺术是启发性灵最直接最有力量的一种教育，那么政府和民众如何协力合作来产生种种艺术公开的机会？”

徐志摩对国人对于美展的向往和期待以及现状做了全面的分析，沉稳热烈，蕴含着深意，就好像一股清新的山风，擦拭着柔美的乐章，每一幅画作，都有诗情在心间穿越。他从中国的历史到现状，又讲到国外美术的状况，来阐述艺术的重要：“关于这一点现代各国都在尽力向前推进。欧洲几个文化的先进国不必说，就是机械主义与物质主义最发达的美国，甚至实行或试行共产主义的苏俄，对于艺术民众化的事业与努力也是惊人的。在纽约一个城市里每月内美术的展览至少是在五十次以上；在莫斯科一个城市里公开的博物馆与美术院就有到一百个以上。那是何等气象？不论经济制度是资本主义或共产主义，不论政治制度是共和或独裁，不论时代在革命中或和平时，人生不能没有意义与趣味。所以艺术乃至艺术教育应该得到积极的提倡与奖励，只有白痴或名利薰心的可怜虫才否认艺术对于人生的重要。”

徐志摩把自己的目光，折叠成一只鸟儿，那翅膀也在天空翱翔。

他在文章中把这次美展中发生的意料中与意料外的种种困难，以及不能尽如人意的地方，代表筹备处希冀社会人士特别原谅。当然，就他们所做到的成绩来说，在有许多的困难的情况下，已是很不容易的了。除了极少数名画家为了别种缘由或他们征集的诚意未孚不肯迁就出品，亦或由于交通过于不便等原因来不及参加以外，其余当代国内著名的与未出名的作家几乎都有代表作品在会上展览，稍显遗憾的是因为展会规模的限制不能不限定各家出品的数量。来看画展的人，就可以得到关于当时艺术界水平和现状的一个相对准确的（至少可供评判的）印象。这不能不说是这次美展的功绩。

徐志摩还在这篇文章中指出，那次美展是当时近几十年来中华民族进展史上一个极重要的环节。可以看出时代在美术中反映的意趣；从参考品评古代美术中，推悟到这时代的创作力的强弱；从国外美术，尤其是日本美术中体会到东方美术家运用西欧方法的智慧；从工艺美术，想象到实际生活的时代趣味。这些都是有心人可以留意到的问题。

徐志摩走进美展，那画的长廊，真是美不胜收！

画家们的画，不仅仅是描绘了些静物，徐志摩从中感受到了那些明亮、浓烈、奇绝的生命。他无法自制的昂奋起来，深红、湛蓝、艳紫、明黄、葱绿的油彩，虽然以凝固的姿态呈现在画布上，却是有着无限激情蕴含其中的。他被一种激越骚动的情绪所摄住，那是灵魂的诉说，在清新而寒冷的风中展现的姿态，不论是对生活的信心还是绝望的感情，都让他充满了愉悦。

他仿佛是一位中国美术历史的总结者，窥视到了久远的关于美术的模糊不清的故事，把生命的血肉和灵魂都融了进去，为这次美展的圆满成功，奉献了自己的诗情画意。

当他站在艺术长廊里一幅幅美妙绝伦的图画面前，他看到了，那彩色的笔墨油彩如一只生动无比的蝴蝶飞舞在花丛间，他无声地浅吟低唱，走向了新的历史。

徐志摩的手指划过画展的风景，深深陷进希望中，融进永恒的生命里。

绿色之梦

就像几茎蛰居在街边的栀子花刚刚绽开一朵娇嫩空灵的馨香，就贪婪那馥郁的绿色，开始疯长欲望。

那一片绿色的原野上走来了浪漫诗人徐志摩。谁会想到，一个诗人受泰戈尔乌托邦主义的影响，竟然做起了绿色之梦，开始了农村建设工作。

1928 年夏，为生活所困的徐志摩，仿佛走进了迷失的深秋，他多么渴望，升起的太阳把窗户打开，让清风如期吹来，和着天空的那朵白云一起去飞翔。

阳光满地，乐音悠扬，借你的清澈和坚定，为心灵“杀毒”。

徐志摩背上行囊，再次迈出国门，开始了他的第三次国外漫游。旅欧期间，他拜访过恩厚之，并共同商议农村建设工作。

三个月后，他回到上海。开始着手农村工作，用另一种方式，开始了特殊的浅吟“低唱”。那歌声里的爱，宛若硕大的玫瑰花，布满了乡村大地。

1929 年 1 月 7 日，徐志摩在致恩厚之的信中，告诉他自己已经收到他从多乐芙汇来的 200 英镑，并谈了自己的农村建设工作进展情况。

他的绿色之梦，繁花一样盛开了。

徐志摩马不停蹄地奔走，分别在北京和天津见到了张彭春和瞿世英，和他们详谈过了农村工作的计划，并得到了张彭春的赞成和支持。其实早在十年前，张彭春就一直考虑过不少这方面的问题，他说遗憾的是他目前没有时间，因为正值任南开大学校长的哥哥在国外旅行，他要负责全盘校务，不过他表示，愿意尽其所能来达成徐志摩和恩厚之的计划。

后来，徐志摩又在平民教育协会找到了瞿世英，这个机构所从事的是中国一件严肃的开创性工作。在那里，饱学之士为平民服务，也与群众一道做事。这是值得注意的，对徐志摩来说特别具有启发意义。那个机构的工作人员，在中国北方对农村教育以及农村改革工作，进行着十分有价值的实验。这并非意味着可以期望出现什么惊天动地的大事。但正当徐志摩他们在努力探索把国家带上轨道的时候，这项工作标志着一个新方向。

和煦的冬阳下，徐志摩跑到江苏和浙江两省查看，他告诉恩厚之，他已决定选择后者。理由之一就是浙江省的人较为淳厚，他们多少仍然保留着一点人性的美丽，这是因为常与大自然接触，也是因为与文明污染少有关系之故。徐志摩带着一顶旧草帽，跨进农家破旧的房屋，脚印留在青石板路上，背影消失在幽深的田间陌上，他和几个专长农科并懂得乡村情况的朋友，研究实际的计划。

阳光铺展开来，徐志摩看着一畦稻禾以碧绿的声音，敲响了乡村深处的真诚和朴实。

同年的3月5日，徐志摩在致恩厚之的信中，告知建设中国农村基地之事无法实现，因为治安没有保障，绑票、抢劫蔓延全国。

徐志摩陷入悲观失望之中。他坐在夜色里，等候达廷顿的消息。回忆如同一扇打开的窗子，让他看到了恩厚之的那个地方“是一圈灿烂异常的光明，是至美的化身，而这光与美，在今天的中国已备受摧残。”

他仿佛看见达河有出没的鲑鱼，有着沉稳的游动的姿势；而德温晨曦的光艳，在恩厚之的花园古堡中悠久的垒垒磐石上处处漫染，倍觉明丽生辉；那里有的是赏心悦目的柔雅风情。更值得一提的，同时也是徐志摩最想实现的目标，就是“在恩厚之那里生活的人群，他们真挚和乐之情，在各人脸上互相辉映，这种比朝阳更伟大的光华，就证明了生气勃勃的理想超然卓立这个事实”。

无限的诗思情意，沁透了徐志摩的心魂。而眼前的现实环境，却让他无比的痛苦：“这里所见的不是高贵而是卑鄙，不是友谊合作而是敌意和相咬相吞，不是朝气勃勃的原则而是僵化害人的教条；这一切都像行尸走肉，到处为患，要把整个国家带进更大的灾难，也把人的灵魂中的创造活泉闭塞。现在有些省份已经沦为民生极度凋敝的人间地狱。”他回忆起曾亲眼看过在死亡线上挣扎的北方，每每念及那边的情形，他的血液会骤然变冷。他想到“那些饿到不成人形的孩子为地藓青苔而打斗，只要他们瘦骨嶙峋的双手能在石缝中挖到一点点，就立刻往口里送。”

他在给恩厚之的信中写道：“天平的一头是那些毫无心肝的统治者，另一头是那些默然受苦的民众。这种情形一定会导致即将来临的滔天灾难。即使那些知识阶级的人士（他们是一班毫无能力的人）也似乎疲塌到一个恹恹无神的地步；他们没有勇气去承担任何责任，只是默然地希祈人性有一个彻底的改变。”

“一个活在中国的人抵御悲观和战胜沮丧是很不容易的。他没有办法抓到一样可以持守的东西，也没有办法找到同气相投的朋友，去为人生中较崇高，但在目前较少实效的事业一起努力奋斗。所以活在中国算不得活在世界，因为好像泰戈尔在《飞鸟集》中说过，只有在爱这世界的时候才是活在这世界。”

徐志摩真希望有一个中国人能爱他在今天所见的中国，但事实上却不可能。

恩厚之的回信流露出的厚意和期望，让徐志摩深感痛苦。环境的黑暗是无可讳言的。他有幸在达廷顿以及山迪尼基顿从恩厚之和泰戈尔身上把灵感和鼓舞带回中国，可惜这些伟大的事物，都在毫无希望的时日和人事推移中渐渐黯然无光了。徐志摩痴心的梦想，没有实现的机会。当时的中国治安极其糟糕，江、浙两省以及南京城附近，也是如此。绑票和抢劫犯罪，比比皆是，法律形同虚设。上海生活味同嚼蜡。可恨可厌的现实，哪怕拂袖他往，都难于登天。

无路可逃的痛苦，让徐志摩的绿色之梦搁浅了，陷入身不由已的境地。

他听到了岁月之声在龟裂的墙中苏醒的声音。他的生命之树，还会在春天的土地上复苏吗？

春天的时候，泰戈尔重临上海，徐志摩为这个预料不到的喜讯欢欣鼓舞。就像没有预约的山风揩拭柔美的乐章，一片片烛焰浅摇一张张笑脸，惬意从歌声漾开，诗情在心间穿越。

泰戈尔一行人在徐志摩家里住了两天，然后赴日本和美国。在归程时，他们又在徐志摩家逗留两天，6 月 13 日回印度。由于美国之行，损坏了泰戈尔的健康，他显得疲弱、憔悴。旅途的劳顿，事事的不如意，美国人的做法让他生气，身边没有恩厚之的悉心照顾，也让他倍觉凄寂。泰戈尔对徐志摩说到恩厚之，很是动情，眼中蕴着泪水。无限温情，溢于言表。徐志摩大为感动。泰戈尔说:“厚之是个伟人，他有个伟大的心。我对他怀有最大的爱念和敬意。说起来不免惭愧，但事实上他的深思和我自己同胞的浮浅，相去真不可以道理计。他对事情的体会十分精到。世上真正懂得我心思意旨的人，他可能是仅有的一个。他在达廷顿做得有声有色。他是一个很不寻常的理想主义者；他把理想和他的荦荦大才结合起来。在他身上我寄以极大的希望和信心。由于不能在旅途上从加拿大转往英国，我感到很失望，因为我切盼和他见面，享受重聚之乐。你一定要写信把我亲切的思念传递给他。”

那轮新月终于升起来了，徐志摩感受到了泰戈尔的深情厚谊，困厄已久的情思，扎起一朵朵腾飞的梦，遮蔽了岁月流淌的年轮。他写信给恩厚之，告诉他泰戈尔会再见他的，时间大概在冬天。虽然泰戈尔身体衰老，但还是努力不懈地写他的讲稿，盼望准时完成，可以赶上冬天牛津大学的基尔福学术演讲会。泰戈尔对徐志摩叹道：“我要努力工作，我在世日子不多了。我一定要赶快完成我的工作，我发觉自己还有要讲的话，这是值得高兴的；不过，讲话也是一个负担。我必须在未死之先亲身作这次演讲。我的讲题是‘神圣的人格’。你会看见我演讲的内容在灵感和智慧两方面都不会是空洞贫乏的。”

世界大文豪，你可知道，徐志摩真盼望着你早日恢复健康，顺利启程赴英。

和泰戈尔在一起的日子，每一片绿色的叶子，都记载了兴奋和情义，向上攀附的感怀和篝火燃亮了渴望，那是心灵神韵辉煌的意蕴与馨香。火光穿透了身体，晶莹如玉，丰绕的岁月洗尽了所有的尘埃。

在上海，徐志摩陪泰戈尔见了一些老朋友，如胡适和蒋百里等。对梁启超的早逝，泰戈尔无限伤怀，也因张君劢不幸被人绑架而深感难过。徐志摩在给恩厚之的信中说道："会很难相信这些事情竟会一一发生的，但却居然发生了。那个两袖清风、几乎是一贫如洗的学者，去年还要出卖他的书籍，就是他仅有的财产，才能维持家计，而他却的的确确遭遇这场历时足足三周的无妄之灾。在这段日子中，他所忍受的一切比一般囚犯所过的生活更坏上数倍。所以，若问中国现况如何，这是多余的问题了，因为连干绑票这一行的人，也这样史无前例地不把'盗亦有道'作为一种行规遵守，那还有什么话说呢！在许多事情上，中国的情况还比不上印度。理想都死了；也是非死不可的。"

徐志摩从达廷顿和山迪尼基顿带回中国的远景和朝气，如今已日渐销毁，凄然无助。一切所有，都似乎在一个机能失调的社会被邪恶的势力掳掠殆尽。整个中国没有一处治安是有保障的。

风吹过旷野，月下打坐的徐志摩，将轻盈的思绪交给了苍茫，他的绿色之梦，像一朵开败的花，颓然凋落，诗意却成为阳光下鲜亮的音符。

那是他在寒风中，内心轻轻飘拂的淡淡的忧伤和插上翅膀的希翼。

创办《诗刊》

1931年1月20日，无雪无风，本来是个很平常的冬天，却因浪漫诗人徐志摩的一个惊世的举动而变得不寻常，一份叫《新月》的诗刊出版发行，徐志摩任主编。

徐志摩撕下这一天崭新的日历，热烈的情，被那轮新月点燃。

月辉下，他轻盈的诗绪，仿佛经历了所有的节日，就像临水的亭榭，和舟舸下的浪花，一往情深，无声地浅吟低唱。

那美的让人心疼的思绪，开放成了玫瑰花或者鸳鸯兰，杯里斟满了月的芳华。他的心灵深处，跳出了生命繁衍的句子，从心坎上轻泼出来，宛如新月撒漫大地的银白，装扮着梦想。

徐志摩满怀深情地在《新月》月刊的预告中说，原来载在北京《晨报副镌》上的《诗刊》，就是现在《新月》诗刊的前身。在那时候也不知哪来的一阵风忽然吹旺了少数朋友研求诗艺的热火，虽则为时也不过三两个月，但那一点子精神，真而纯粹，实在而不浮夸，是值得纪念的。现在他们这少数朋友，隔了这五六年，重复感到"以诗会友"的兴趣，想再来一次集合的研求。因为他们有共同的信念：第一，他们共同相信新诗是有前途的，同时这前途不是容易或平坦的，而是需要很多人共力去开拓。其次，他们共同相信诗是一个时代最不可错过的声音，由此可以听出民族精神的充实却又空虚，华贵却又卑琐，旺盛却又消沉。一个少年人偶尔的抒情的颤动或许影响到人类的终古的情绪；一支不经意的歌曲，或许可以开成千百万人热情的鲜花，绽出瑰丽的英雄的果实；再次，他们共同相信诗是一种艺术。艺术精进的秘密当然是包含每一个天才独自的努力，各自弄出光荣的创例，但有时集合的纯理的探讨与对更高的技术的寻求，乃致于根据私交促使风尚的兴起，往往可以发生一种特殊的动力，使这一种或那一种艺术在意识上安上坚强的基筑，这类情形在文艺史上可以见到很多。

想象是谁的手指，恣意地划过月下风景，噼噼剥剥地绽开了一朵朵的小花，在诗意的空间，落下纤秀小曲，把生命的血肉和灵魂融进去，体会酸甜苦辣的人生况味？

徐志摩在文章中也写出了自己的想法，说他们这少数人的天生爱好，与希望认识诗的朋友，想斗胆在功利气息最浓重的地处与时日，结起一个小小的诗坛，谦卑的邀请国内的志同道合者参加，希冀早晚可以展露一点小小的光。小，但一直的向上；小，但不是狂暴的风所能吹熄。记得古希腊的阿伽门农战胜的消息传来时，帕南苏斯群山的山顶共同点起燎天的烽火，照出群岛间的雄涛在莽苍的欢舞。对着渺茫的未来，岂不也应有同样光明的指望？他还说，欣幸的是五年前的旧侣，能够重又聚首；更欣幸的是他们又多了新来的伙伴。自然，这些新伙伴们英爽的朝气也给了徐志摩不少的鼓舞。

新月下，徐志摩的灵魂为诗而乐，为诗而哭，为诗而欣喜，激情燃烧得此起彼伏。

徐志摩为办《诗刊》奔走相告，组织稿件不遗余力，仿佛诗歌里有香气，已将他摄住。甜甜蜜蜜的，轻快又热烈，溢满了胸怀。喜悦和忧伤早已忘怀。为给《诗刊》组稿，他还在1930年的11月与12月间，给梁实秋寄了两封信，情之切溢于言表："兄在左右，并希持鞭以策之，况本非驽，特懒惫耳，稍一振蹶。行见万里长空也。""十多日来，无日不盼青岛来的青鸟，今早从南京归来，竟然盼到了，喜悦之至，非立即写信道谢不可。《诗刊》印得成了！……你的通信极佳，我正要这么一篇，你是个到处发难的人，只要你一开口，下文的热闹是不成问题的。但通信里似乎不曾提普罗派的诗艺。"

徐志摩对新诗的贡献是巨大的和不朽的。他作为新月派诗歌的领袖，是中国诗坛上的一颗璀璨的明星，他用自己富含深厚情感与音律感的作品，为白话诗注入了新的血液。他从中国传统古典诗歌的熔铸出发，创造性地吸收借鉴了英国浪漫主义新诗，主张“创格”要发现“新格式，新音节”，努力探索和发展中国新诗的道路。他是不屈不饶地实践者和皓首穷经研究音律理论的理论家，他的诗歌有着若隐若现的节奏感，他说：“正如一个人身的秘密在于血液的流通，而一首诗的秘密也就在于它的内容的音节的匀整与流动。”

有谁品味过他在极力拓展新诗发展道路时，欢乐或者悲伤的个中滋味？

在新诗刚刚兴起的时候，他就像一粒火种，在风雨中旋转诗歌新思维，就像春天归来，温暖、万紫千红。新月下，他的目光清凉，思绪轻盈起舞，用花朵般的语言，写出了银白色的诗行，给新诗插上了飞翔的翅膀，在中国大地留下了永恒！

“连林人不觉，独树乃奇。”那片天空中的白云，就是他坚持自己心灵的生命位置，是他灵魂的栖息地。

徐志摩就是诗神！

第九卷

孤绝的生命之歌

理想就像一朵花，时刻缠绕在徐志摩的窗前，根植在他的血液里，绽放在他的心灵深处。

他记忆的歌唱，留在他与陆小曼那唯一的剧作里；

新月的烦恼，异国的游历，是他孤绝的生命最后的歌。

那歌声朗朗，在狭窄、逼仄、摇晃的小船里回荡。诗人立在船头，随着两柄桨的摆动，荡漾出千丝万缕的涟漪。

这是生命绝唱的礼赞！

新月不安地走过，风拂开记忆的阳光。疲惫的冬季旅行，才是你理想的追寻。

爱、自由、美已含苞待放，命运深不可测。

天教歌唱

那枚新月注定是属于徐志摩的。

谁在望着月色出神，然后，将一碗老酒饮尽，在月辉洒遍大地的时候，灵犀闪烁。

诗情画意总是春。

草长莺飞的季节，无法掩盖忧伤，更无法掩盖忧伤的无尽漫延。困境生活的种子，却孕育更为深邃的诗芽，在伤口上开花。

那是诗人记忆中的歌唱，那是新月冷峻的、浩大的、辽远的，孤绝的生命之歌。

1931 年 8 月，徐志摩的《猛虎集》由新月书店出版，徐志摩作序。

序言里，徐志摩五味杂陈，诉说了心境的孤独，文字的浪花却汹涌直前，他是带着柔情丽雨面对生活的。心扉敞开了，诗人一动不动，那静静的姿势像一条河流，漂流在自己的心上。

他说，在诗集前面说话不是一件容易讨好的事，说得近于夸张了自己面上说不过去，过分谦恭又似乎对不起读者。最干脆的办法是什么话也不提，让诗篇它们自身去承当。只是书店方面不肯同意，并说如果作者不来几句序言书店做广告就无从着笔。虽说作者在生意方面完全是外行，但他至少也知道书卖得好，不仅是书店有利益，他自己的版税也会水涨船高了，所以书店的意思，他是不能不尊重的。徐志摩便应承下来。不过写序真不是一件轻松的事。关于这篇序，他坦陈说，费了三个晚上，想写一篇可以帮助打广告的序，可是一行行写下来仍旧给涂掉，稿纸糟蹋了不少张，诗集的序终究还是写不成。

徐志摩是在诗中认识新月的，江南故乡河岸的绿柳，飘浮着流云鹤影，那一只翻飞的蝶，在碧草连天的野花中，思绪飘飞。他曾记得自己在印第二集诗时曾表示过此后不再写诗一类的话。现在转眼间四个年头已过去了，就算这些诗全是这四年内写的，每年平均也只得十首，一个月还不到一首，况且又多是短短的。诗固然不能论长短，如同画幅是不能用田亩来丈量。但事实是这年头一口气总是透不长——诗永远是小诗，戏永远是独幕，小说永远是短篇。

说到自己的写诗，徐志摩认为那是再没有更意外的事了。但生命的把戏是不可思议的！人们都是受支配的善良的生灵，哪件事自己作得了主？徐志摩说，整十年前他吹着了一阵奇异的风，也许照着了什么奇异的月色，从此他的思想就倾向于分行的抒写。一份深刻的忧郁占定了他；这忧郁，徐志摩相信，渐渐地潜化了他的气质。

对于诗歌和尘世，徐志摩坦然地认为自己尘俗的成分并没有甘心退让过；诗灵的稀小的翅膀，尽管在那里扑腾，还是没有力量带了这整份的累赘往天外飞。且不说诗化生活一类的理想那是谈何容易实现，就说平常在实际生活的压迫中偶尔挣出八行十行的诗句都是够艰难的。尤其是最近几年有时自己想着了都害怕：日子悠悠的过去，内心居然可以一无消息，不透一点亮，不见丝纹的动。徐志摩常常疑心这一次是真的干完了。他也时常疑虑到他这些写诗的日子，或许是什么神道因为怜悯他的愚蠢暂时借给他享用的非份的奢侈。他希望神灵们可怜一个人可以可怜到底!

许多年中，徐志摩踽踽而行，在上海这熙熙攘攘的大都市里，行走得越发的艰难。光明和黑暗，就像倒空的酒杯上燃起了火焰，虽然烈烈燃烧，却很快熄灭。

时光飞快，如白驹过隙，一眨眼十年已过去。徐志摩感觉诗虽然连续在写，但自信还是薄弱到了极点。“写是这样写下了，”他自己想：“但准知道这就能算是诗吗”？就经验说，从一点意思的晃动到一篇诗的完成，这中间几乎没有一次不经过唐僧取经似的苦难。诗不仅是一种分娩，而且它往往是难产！这份甘苦只有当事人自己知道。一个诗人，到了修养极高的境界，如同泰戈尔说的，也许可以一张口就有精圆的珠子吐出来，但像他这样既无天才又少修养的人如何说得上是一位修养极高的好诗人呢？

徐志摩的诘问，是一个诗人在诗艺上的困惑，停滞和发展，青涩与成熟，都是他的在草丛里敞胸开怀的一朵花；也是他眼里艳丽馥郁的一朵花；是他诗艺情感的体温在提高、升华的过程。

他曾回忆说，只有一个时期他的诗情真有些像是山洪暴发、不分方向的乱冲。那就是他最早写诗那半年，生命受到了一种伟大力量的震撼，什么半成熟的未成熟的意念都在指间散作缤纷的花雨。他那时是绝无依傍，也不知顾虑，心头有什么郁积，就付托腕底胡乱给爬格子去，救命似的迫切，哪还顾得了什么美丑！他在短时期内写了很多，但几乎全部都是见不得人面的。他的第一集诗《志摩的诗》是回国后两年内写成的。在这集子里他写诗时初期的汹涌性虽已消灭，但大部分还是情感的泛滥，什么诗的艺术或技巧都谈不到。这问题一直到他和闻一多等一群朋友在《晨报副镌》刊行《诗刊》时才开始讨论到。徐志摩说这五六年来他们几个写诗的朋友多少都受到《死水》的作者的影响。他的笔本来是最不受羁勒的一匹野马，看到了闻一多的谨严的作品才憬悟到自己的野性；但他素性的落拓始终不容他追随闻一多他们在诗的理论方面下任何细密的功夫。

第二集诗《翡冷翠的一夜》是他的生活上的又一个较大的波折的留痕。他把诗稿送给闻一多看，他说“这比《志摩的诗》确乎是进步了——一个绝大的进步。”他的好话徐志摩是最愿意听的，但他觉得自己在诗的“技巧”方面还是丝毫没有把握。

徐志摩痛苦地感到自己就像一片放牧的云，堆积、恣意纵容，在游离下放逐自己，离蓝天越来越远。那几年徐志摩的生活不仅极平凡，甚至简直是到了枯窘的深处，随之诗的产量也尽“向瘦小里耗”，要不是认识了陈梦家和范玮德两位年轻诗人，他们对于诗的热情在无形中又鼓励了他奄奄的诗心，以及第二次又印《诗刊》，否则，他对于诗的兴味，或许真的会消沉到完全没有。

1931 年，6 个月的时间，徐志摩在上海与北京间来回奔波了八次，遭了母丧，又有别的不少烦心的事，人是疲乏极了的，好在继续的行动与北京的风光却又在无意中摇活了他久蛰的性灵。他甚至觉得抬起头居然又见到天了，于是眼睛睁开了心也跟着开始了跳动。嫩芽的青紫，劳苦社会的光与影，悲欢的图案，一切的动，一切的静，重复在他的眼前展开，有声色与有情感的世界重复为他存在；这仿佛是为了要挽救一个曾经有单纯信仰的人，要他认清方向，再别错走了路。

曾经，是否还会来临？徐志摩开始思量这个问题。他仿佛看见大雁从身边飞去又飞回，风无休止地吹，时光急速而行，他多么希望这是他的一个真正的复活的机会。虽然他明知这些偶尔写下的诗句尽是些“破破烂烂”的，谈不到什么久长的生命，但在他自己，总觉得写得成诗不是一件坏事，这至少证明还有一点性灵在那里挣扎，还有它的一口气。所以，他这次印行的第三集诗更多的是要告慰他的朋友，让他们知道他还有一口气，还想在实际生活的重重压迫下透出一些声响来。

徐志摩说，人们不用更多地责备他，他已是满头的血水，能不低头已算是好的；也不用提醒他这是什么日子；不用告诉他这遍地的灾荒与现有的以及在隐伏中的更大的变乱；不用向他说今天就有千万人在大水里浸着或是有千千万万人在极度的饥饿中叫救命；也不用劝告他说几行有韵或无韵的诗句是救不活半条人命的；更不用指点他说他的思想是落伍或是他的韵脚是根据不合时宜的意识形态的。这些，还有别的很多，他知道，他全知道；一说到这些只是叫他难受又难受。他再没有别的话说，他只要人们记得有一种歌唱的鸟不到呕血不住口，它的歌里有它独自知道的另一个世界的愉快，也有它独自知道的悲哀与伤痛的鲜明；诗人也是一种痴鸟，他把他的柔软的心窝紧抵着蔷薇的花刺，口里不住的唱着星月的光辉与人类的希望，非到他的心血滴出来把白花染成大红他不住口。

他的痛苦与快乐是浑成一片的。

那曾经的激情就像一场梦境，在塌陷，在燃烧，在飘零。

呼唤，隔着遥远的遥远，他听见自己的回音，生命的给力，再次勃起一路芬芳。

徐志摩再次追上去，感受潮涨的冲动；痛，凝成了骨。远行的身影，走进火热的梦想。

徐志摩为自己的新诗集《猛虎集》所做的自序，与其说是序言，不如说是对自己这么多年来，对于诗歌的写作和研究的盘点和总结，那些真情叙述和自我剖析，震撼和打动着世人。

有些故事，虽然忘记了开始，却留下品味神韵的瞬间。

夫妻剧作

江南春雨，润泽桃花，瓣瓣约月，卷着春光的涟漪，在园中荡漾。

朱颜迭笑靥，在目浩已洁。徐志摩坐在桃花旁，数尽月伴星星，像花，层层叠叠，密密麻麻的，堆了梦的身影，穿雨度风，在人间四月天里，发烫地彷徨着。

直至如今，再谈及徐志摩与陆小曼的一段婚姻，仍被人津津乐道，褒贬不一。

尤其是，徐志摩与陆小曼曾联袂创作的那部话剧作品《卞昆冈》，虽然知道的人甚少，但一点儿都不妨碍它在文学上所体现的价值。这是他们二人唯一合作的一部剧作，也是徐志摩唯一创作的一部话剧剧本。

这鲜为人知的故事，就像一条古老的河流，泊在古老的岁月里，诗情画意被春天的火焰点燃。

1928 年春天，这部话剧作品由青岛“光明剧社”首次搬上青岛话剧舞台实验演出。此后，至全国解放，这部夫妻二人合作的话剧作品，在国内一直没有任何话剧团体排练和正式公演。

岁月延伸，那是浪漫诗人徐志摩鸟鸣般的歌唱，炊烟般袅袅的抒情，在一望无际的江南故乡的原野上，尽情写意，把生活的碎片收拢成唯美的心灵低语，泛着桂花的黄，浸着麦穗的清香。

夫妻两人合作的话剧《卞昆冈》，充溢唯美主义，就像月辉轻盈地清亮地融入荒芜的心灵，将这个空旷洁净的大地点燃，穿越了遥远的青铜历史烟云，在光芒的回音里歌唱。

说到这部剧，就不得不提到二人的婚姻生活。徐志摩与陆小曼结婚后，生活并不和谐，波澜起伏，陆小曼的花天酒地纸醉金迷，尤为让徐志摩头痛，他在相思的语境里感到了焦虑和苍茫。为了让她的生活转向积极向上，徐志摩想到了文学创作，他倡议二人联手创作话剧剧本。梦想通过写作来引导陆小曼的生活走向正确的轨道。

那是徐志摩深深的爱，像波涛奔流的大河，一去不返。他多么希望，陆小曼是那岸边的花朵，妆点爱情美景，浓缩在一声爱语的心窝里，携着他迈过一生所有的槛。为了这梦想成真，他要拼尽身体里的能量，把爱升华到精神的深处。

徐志摩的苦心，终于得到陆小曼的认同，陆小曼本来就是才女，她创作的热情之火被徐志摩点燃，积极构思了整个故事，然后再由徐志摩根据陆小曼提供的素材执笔完成。在创作过程中，夫妻两人依偎在梳妆台旁，你一言我一语地演示、推敲，那是他们最幸福的时刻。

1928 年 4 月，由徐志摩、陆小曼编剧的五幕话剧《卞昆冈》发表在《新月》第 1 卷第 23 号上。

提起徐志摩，人们自然就会想到他的诗歌绝唱《再别康桥》，那优美的诗句，朗朗上口，震撼心灵，为众多人所熟谙，它宛如一曲优雅动听的轻音乐，萦绕在几代人的文学思想情怀中。而浪漫诗人徐志摩在他的剧本《卞昆冈》中，也揉进了“爱、美、自由”的唯美主义元素，诗意缠绵。剧中讲述了一个雕刻艺术家的悲剧故事：在山西大同云冈石窟维护、雕刻石佛的艺术家卞昆冈，与老母和女儿阿明相依为命，他对已病故的妻子青娥有着刻骨铭心的爱。为了使孩子有人照顾，他又娶寡妇李七妹为妻。但卞对前妻的念念不忘使李七妹嫉妒、怨恨甚到报复，于是她勾结情夫尤桂生毒瞎了阿明的双眼。最后，他们的奸情被阿明发现，为灭口他们杀害了阿明，两人逃之夭夭。卞昆冈忍受不了如此沉重的打击而跳崖自杀。全剧在诗意的美中，笼罩着一层感伤的悲剧色彩。

1928 年 5 月，由杜宇（曾任《青岛民报》总编辑）、王玫（中国第一把小提琴的制作者、曾任青岛市立中学音乐教师）、王卓（王玫的哥哥，青岛市立中学美术教师）等几个爱好文学艺术的青年人发起成立了青岛第一个话剧表演团体，即“光明剧社”。

在没有排练场地，没有社址的艰苦条件下，几个受中国新文化运动影响，思想进步视野开阔的年轻人，把家当做了排练场地，因陋就简，开始了他们的话剧实验活动。那么，究竟选择哪部剧目作为“光明剧社”成立后，实验排练演出的第一个剧目呢？他们对此非常的重视。经过反复斟酌研究，最终选定了由徐志摩、陆小曼编剧的五幕话剧文学剧本《卞昆冈》进行排练。

紧接着杜宇、王玫、王卓三人进行了分工，杜宇任导演，王卓负责舞台美术布景制作，王玫用小提琴担任舞台演出现场音乐伴奏。演员则汇集了岛城一些爱好文艺的青年人：有马纳川、李同愈、魏常华、王宝华等人。他们借用戏院舞台和学校教室，热热闹闹地开始了排练。那热情熟稔、浓烈，像在风中摇曳的花朵，苞蕾渐丰，生动丰满。

1928 年 5 月，青岛融进一片初夏的明媚中，平度路新舞台戏院上热闹非凡，这里，首演“光明剧社”的话剧处女作《卞昆冈》！当开演的铃声响起，观众停止喧哗，静静地听着王玫现场小提琴拉出的一段悠扬深沉的优美背景音乐，望着舞台的红色丝绒幕布徐徐拉开，随着剧情走进话剧《卞昆冈》的故事中，人性的铺陈穿透了心扉，仿佛受到了一次透彻的洗礼。这是一场实验性的演出，戏票免费赠送，观众是青年学生。青岛人第一次欣赏到用小提琴这种西洋乐器进行伴奏的话剧演出。演出取得了圆满的成功，虽然只有一场，却让岛城观众们留下了难忘的印象，在青岛城市人文历史上书写了令人瞩目的一页。

就这样，徐志摩和陆小曼第一部、也是唯一的一部戏剧作品话剧《卞昆冈》，由青岛“光明剧社”首次搬上了青岛话剧舞台，簇拥成一道耐看的风景，弥漫着生命原音。

长路缱绻，极目无尽，徐志摩吟唱着人性的歌，自由前行，在“爱，自由和美”的追寻中，在与文字的契约中，回报苦难，长思不绝。

此后，由于历史的原因，话剧《卞昆冈》在国内一直未有任何话剧团体排练和正式公演。

新月烦恼

新月社何时成立？其实早在1923年，徐志摩就提议成立新月社，在石虎胡同七号聚集一些志同道合的朋友，在一起谈天说地、聚餐活动，却一直没有挂牌。

作为新月社成员之一的陈西滢曾回忆说：“新月的成立是在泰戈尔访华以后。泰戈尔是在1924年来游中国。四月到上海，月底到北京，五月底由上海到日本。在北平的时候，在史家胡同租了一栋洋式房子请他住，所以新月社那时还没有成立，要是已成立的话，不会不请他去参加集会的。新月社成立大约是在泰戈尔离华不久以后。《志摩全集》的年谱中也说新月社在这一年成立，没有月份。……泰戈尔来华以前，志摩便有成立‘新月社’的提议，只是房子一下子找不合适，所以在泰走后，方才成立。”

徐志摩也曾说过这样一句话：“那时的新月社只是个口头的名称，与现在松树胡同七号的那个新月社俱乐部可以说并没有怎样密切的血统关系。”

其实，在泰戈尔访华前，新月社只是一个口头名称。它没有严密的组织，没有完备的章程，没有记录在册的成员，没有固定的活动经费，没有明确的活动场所。泰戈尔访华后，新月社正式挂牌——地址松树胡同七号。

不难看出新月社“最初是‘聚餐会’，从‘聚餐会’产生新月社，又从新月社产生‘七号’的俱乐部。”

阿莱桑德雷说过，所有的火焰都有着激情，而光芒却是孤独的。

浪漫诗人徐志摩孤独地忍受着痛苦，在不尽人意的生活中，建立新月社，出发点是为新诗的发展趟出一条路，他本人也提炼诗思，挖掘诗性意义，经过生活、意志和人性三者熔铸的炉膛，对生存的现实进行理性的深入思考，力求用现代诗歌的精神经验，传达钟爱自然、钟爱一切美好事物、钟爱一切生命的信息，构建诗思中具有典型意义的影子，即思想的火焰。他的那些有如血液流注的文字，沉郁、苍劲、高致、精微，囊括了中国这片黄土地上所繁衍的一切。

无疑，新月社是他灵魂的栖息地。

“月满则亏水满溢，大智若愚真修为。”凡事不能做得太尽，如果做得太尽，缘分势必也会早尽。如果不谨慎，所做的努力会像月亮圆了以后，就会残缺，又像杯子里倒满了水以后就会漫洒出来。徐志摩办新月社，与其说是做得太尽，不如说是缺乏管理经验。他的意愿美好，他的追求绚丽，他的叹息绵长，渐渐地斑驳成苔封的题咏。

今夜，月光舞蹈着。谁的梦想，在银色的辉光中闪亮？

诗歌，让徐志摩领悟到了什么是辽阔。在柔情的诱惑里，他看到诗歌扎根在沃土里，他的心，如舟飘动。追逐飘泊的灵魂，崇高与圣洁只有在诗歌中才能相遇，银色的月光镀亮的梦境，纯洁而晴朗。

虽然挂了牌的新月社已经具备了组织的性质，但在经费上却是依赖于徐志摩的父亲徐申如和银行家黄子美。

徐家代代经商，经商历史可以追溯到明正德年间，家业传到徐申如这一代，已经扩展到酱园、钱庄、绸庄、电灯厂、蚕丝厂、布厂、票庄银号等，富商之家，家大业大；而徐申如又是硖石商会会长，在江南一带的金融实业界颇有号召力。望子成龙是中国人的共性，徐申如也不例外，他将徐志摩送到美国去读书，目的就是想让儿子继承家业，日后能够成为名震天下的金融实业家。徐志摩也曾立下宏愿，雄心勃勃地想要成为中国的“汉密尔顿”。对于儿子“背叛”走进了诗的灵园，徐申如虽说愤怒、失望和遗憾，却也没有拼尽全力加以反对。他自己原本就开明，头脑灵活、思想活跃，好结交名流；于是，当徐志摩有意组织新月俱乐部时，他很支持，大方地出钱垫资，新月俱乐部才得以在松树胡同七号挂牌。

徐志摩的激动，可想而知。他说：“房子不错，布置不坏，厨子合适，什么都好。”然而，活动经费仍然是他最头疼的问题，因为新月社日后是要偿还徐申如和黄子美的垫资的。拿什么偿还？只依靠成员们每月交纳的会费是远远不够的。

就成员而言，新月社除了徐志摩、胡适以及丁文江、林长民、张君劢、黄子美等最早参加聚餐会的成员以外，还有政客、银行家、社会活动家，使得新月社似乎成为一个附庸风雅的名流团体，而非文化团体；也使得新月俱乐部成为一个交际场所，而非文化活动场所。

徐志摩发起组织了新月社，但他却不具备管理新月社的能力。会费无人收缴，会员流动性大，一个文学社竟然变成了朋友团体。

新月社不是一个组织严密的机构，其成员也并非社里的全职研究员。“新月社”的牌子虽然挂在松树胡同七号，却常常见不到一个人，当然除了徐志摩。那期间，徐志摩常在那里写信、做文、会客。因此可以说，新月社代表徐志摩，徐志摩代表新月社；或者说，新月社是徐志摩，徐志摩是新月社。

新月社每两星期定期聚餐、游艺。在新年时开过年会，元宵节时办过灯会，除此之外，有过古琴会、书画会、读书会等。

“新月社”是什么？为什么成立新月社？在徐志摩的设想中，它不是一个只包含躺沙发、吃饭菜、看书报、办游艺等内容的俱乐部。徐志摩说得更直接：它“决不是真正新月的清光，决不是我们想象中的棱角”。

徐志摩办新月社的初衷，当然是想在文艺上有所建树，在泰戈尔访华时，新月社组织排演了《齐特拉》，徐志摩不无遗憾地说：“我们几个创始人得承认在这两个月内我们并没有露我们的棱角。在现今的社会里，做事不是平庸便是下流，做人不是懦夫便是乡愿。这露棱角（在有棱角可露的）几乎是我们对人对己两负的一种义务。”

列夫·托尔斯泰说：“人生的一切变化，一切魅力，一切美，都是由光明和阴影构成的。”

新月社的存在越来越向供一小撮富人消遣的娱乐场所沦落，也就越来越像是一个真正意义上的俱乐部了。徐志摩不免痛心，他长叹：“我们新月社岂不变了一个古式的新世界或是新式的旧世界了吗？”他分明感受到了俱乐部里充斥着小资产阶级的腐败气味。他很受不了，也极其感伤。他在写给陆小曼的信中，这样感叹道：“假如我新月社的生活继续下去，要不了两年，徐志摩不堕落也堕落了。我的笔尖再也没有了光芒，我的心再没有新鲜的跳动，那我就完了——‘泯然众人矣’！”

落寞、迷惘使得徐志摩在新月的脚步踉跄、沧桑、迟疑。

夜的黑云遮住了那枚新月，一种恐怖的力量阻止他，漫长、漆黑和孤独，缚住了他飞翔的双翅。而他，是要牵着夕阳赶路的。

徐志摩的目光深入远方，只有远方，才是他要看的那本书，看了这页，还想看下一页。

他弹去一路追随的风尘，向前走去。

夕光从他的指间滑落。

可贵的是，徐志摩一直存有信心。1925 年 3 月，他在赴欧游历期间，写了《欧游漫录——第一函给新月》一文，他充满豪情地说："跳蚤我们是不怕的，但露不出棱角来是可耻的。新月新月，难道我们这新月便是用纸版剪的不成？"

徐志摩远远的凝视着那枚只剩下弯弯月牙的新月，那新月的姿势，闪着圣洁的光芒。他多么想重振新月。他以为有几个爱做梦的人，又有创作的能力，而且还有一股不服输的傻气，就能做成任何事业。

他想，动作一定要稳要准，让每个动作都从容而经典。

他的脚步将月光踩得叮咚作响。

可惜事与愿违，最终，他没能成功。

当他疲惫而倦怠地回望那个新月下的高坡时，他依然发现了那片悠然自得的空旷和辽阔，那遥远的无垠和苍茫古远，像他迟疑、坚定的脚步，追赶浮华的年月，而错过和遗忘了与时间的对话。

这是诗人的特质，在支离破碎的情感下，煮沸理想的希翼。

徐志摩真想为那枚新月化作一只彩蝶，萦绕在那一束临风开放的花儿的枝头，再不离去！

煅烧、磨合、碰撞、包容，徐志摩与新月相依为命。

是谁在一场无情的大风中，苦苦地延续着一朵花的花期？

1925 年春，徐志摩再赴欧州游历。而随着他的离去，新月社就已经社不成社了。回国后，他接掌了《晨报副刊》的编辑工作，更无暇顾及新月社。到 1926 年，新月社基本上名存实亡。1927 年，时局发生重大变化，胡适等人纷纷离京避走上海，新月社正式摘牌。

一切都隐去了，尘世所有的故事，定格在大地的词典里，储藏在蓝天的稿纸上。

走过唐诗，再走过宋词，徐志摩又走过了新诗兴起之时，留下诗香数瓣，在蓝天上书写了新月散发着清白的馨香，却留下一代诗人黯然诗魂，犹如血洒疆场一样的凄凉。

新月社从成立到解体的整个过程，并没有达到预期的目的，几乎没有以“社”的名义进行过大的活动。只是在成立当天，林长民发表了含有政治意味的演说。此后，就再也不曾有过，更没有讨论会、研究会什么的。新月社似乎也就没有存在的价值了。

陈西滢说：“‘新月社’成立，并没有多少人聚集开会，讨论名称宗旨等等。”

徐志摩的人格魅力，使得他的身边聚集了一批像胡适、陈西滢这样的自由知识分子。他们能够聚集在一起，自然在很多方面有共同之处，至少也会有相近之处，比如对政治的见解，对文艺的看法等。但是，这并不意味着他们之间没有差异，没有分歧。何况，各人又各有自己的生活，有自己的工作，有自己的学术领域。一旦环境有变，正如徐志摩所说，人散了，心散了。

徐志摩的新月社，就像一个青涩的梦。醒来，展现真实或虚构的传奇。

失败也好，成功也罢，徐志摩为新诗的努力，还是值得称道的。

起码，在梦里，早已是浪花朵朵。

那浪花抚摸梦的岸边，从此，新诗岸边，草木丛生，生机勃勃。

异国游历

情爱与人而言，有时候更像是一种劫，正如徐志摩的万种俗念前因，最后只能焦灼地落在他新月一样的灵魂上。

和陆小曼的婚后几年，徐志摩的诗作一年比一年少，他的日记一篇比一篇沮丧。陆小曼和翁端午的关系，几乎把他逼到了死角，他不想留在国内让别人讥笑。在1928年6月15日，登上了出国的远洋轮船。

他多么希望，能够借此机会冷却自己，也给陆小曼一个剖析自己的机会。

旅途见闻让徐志摩为之一振，他经日本横渡太平洋到美国，然后去了英国、印度。五个月后回国。他一路不停地给陆小曼写信，苦口婆心地劝她过正常人的生活。

站在日本神户著名的雌雄龙瀑布前，看山涧飞瀑流泉，徐志摩忘记了所有的不快，心情好了起来。他回到船舱给陆小曼写信，心情又沉重起来。他拿起笔，若有所思，他多想通过信笺让陆小曼脱离不健康的生活方式。他苦口婆心地劝导："在船上是个极好反省的机会。我愈想愈觉得我俩有赶快'wake up'觉醒的必要。上海这种疏松生活实在是要不得，我非得把你的身体先治好，然后，再定出一个规模来，另辟一个世界，做些旁人做不到的事业，也叫爸娘'吐气'。……船上吃饭睡足，精神养得好多，脸色也渐渐是样了。不比上海时，人人都带些晦气色。身体好了，心神也宁静了。要不然，我昨晚的信如何写得出？那你一看就觉得到这是两样了。上海的生活想想真是糟。陷在里面时，愈陷愈深；自己也觉不到这最危险，但你一跳出时，就知道，生活是不应得这样的。”

徐志摩一心要陆小曼摆脱不良生活方式，几乎每天一信，其心日月可鉴。他写道：“曼，你如爱我，你得想想我的一生，想想我俩共同的幸福；先求养好身体，再来做积极的事，一无事做是危险的，饱食暖衣无所用心，决不是好事。你这个月身体如能见好，至少得赶紧认真学画和读写正书。要来就的认真，不能自哄自，我切实地希望你能听摩的话。你起居如何？早上何时起来？这第一要紧——生活革命初步也。”

而身在上海的陆小曼却我行我素，仍然故我，也不回信，这令徐志摩无比地焦虑。于是有了徐志摩的这一番心音：“眉，你的第一封信总该来了吧，再要不来，我的眼睛都要望穿了。眉，你身体该好些了吧？如期还要得，我盼望你不仅常给我写信，并且要你写得使我宛然觉得我乖乖眉儿小猫儿似地常在我的左右！”

只是，徐志摩的热心并没有得到陆小曼的回应，他依旧见不到她的回信，他的心情可想而知。在这种情况下，他不忘给陆小曼买些喜欢的东西，期待她朝正常生活改变自己。

灯光在岁月中厮守，骨骼在流水中起伏。

徐志摩的思念已长满了老茧，板块一样拥塞住生命之河。他却不断地穿过飘雨的季节，抛开心的负荷，让自己的眼泪和湿润的温情一起，培育新的希望。他依然在生命的极光中歌唱。

他又一次来到雾都伦敦，见到了老朋友狄更生、傅来义和罗素一家；再次来到康桥，精神故乡的一草一木都让他觉得亲切，康河的柔波又一次泛起他彩虹一样的梦想；他激情满怀，思想的华彩，在碧波里荡漾交响着诗人浪漫的情怀。火焰升起了，伫立在康河岸边的徐志摩，有了穿风破雨击节高歌的情愫，一首美丽的诗歌《再别康桥》，从他的笔下流淌出来：

“轻轻的我走了，
正如我轻轻的来；
我轻轻的招手，
作别西天的云彩。

那河畔的金柳，
是夕阳中的新娘；
波光里的艳影，
在我的心头荡漾。

软泥上的青荇，
油油的在水底招摇；
在康河的柔波里，
我甘心做一条水草。

那树荫下的一潭，
不是清泉，是天上虹；
揉碎在浮藻间，
沉淀着彩虹似的梦。

寻梦？撑一支长篙，
向青草更青处漫溯；
满载一船星辉，
在星辉斑斓里放歌。

但我不能放歌，
悄悄是别离的笙箫；
夏虫也为我沉默，
沉默是今晚的康桥！

悄悄的我走了，
正如我悄悄的来；
我挥一挥衣袖，
不带走一片云彩。”

旅欧期间，徐志摩参观了泰戈尔的助手恩厚之的达廷庄园，也看到了泰戈尔和恩厚之投资办的免费开发农村经济，提高农民文化和智力水平的社会试验场地，这令他倍受鼓舞。对于徐志摩这样的理想主义者而言，他看到了这样一个有着浓厚的“理想国”和“乌托邦”式的试验场，怎能不跃跃欲试？他一度想把这种发展农村经济的模式推广到中国，却因内战搁浅。这次，他看到了自己的理想在英国的这一小块土地上实现了，心里自是非常高兴。在这期间，他听到泰戈尔病了的消息，便马上跑到印度去看望泰戈尔。等他赶到印度时，泰戈尔已经康复。康复后的泰戈尔陪他参观了国际大学，还约请他给学生们做了关于孔夫子的讲座。

徐志摩在印度不仅受到了泰戈尔父亲般的关心和爱护，也受到他伟大思想的滋润影响。两个不同国籍的诗人，以火一样的激情，燃亮整个收获季节，以坚实的足印，上演了一场沧桑而绚丽的人生大戏。每一个细节，都是诗意的想象，是不遏止的生命写意。

五个多月的国外旅行，让徐志摩激情满怀。可一回到上海，他就被愁云惨雾所笼罩。他发现，自己沿途给陆小曼写的一百多封苦口婆心地劝她过正常生活的信，丝毫没能影响到她，她依然故我。

家是港湾，是夜归的地方，但却未必温暖。

徐志摩的失望沉积在生命的岩石里，他的目光散落在树影间，远处的鸟巢盛满了如烟的回忆，故乡窗外的河水里积满了心事的呼吸，溅起深浅不一的叹息。

徐志摩婚姻亮起了红灯，他的出国游历，是泰戈尔嘱托恩厚之约请的，也是他无奈之下的选择。而就在他刚刚回国不久后，泰戈尔又来电报说，要来家里做客。这个消息就像是春天的雨露一般，让他的精神为之一振，之后，他开始忙着准备，迎接泰戈尔的到来。

1929 年 3 月，泰戈尔在去加拿大开会途中，到上海看望徐志摩和陆小曼夫妇。就在几个月前，徐志摩在印度曾向泰戈尔倾诉了婚姻的烦恼。老诗人想到，当初没能撮合成徐志摩和林徽因的姻缘，已经让他痛苦彷徨了许久，这次一定尽量弥补他们已经出现裂痕的婚姻。几个月后，泰戈尔返回时又一次来到徐志摩的家，谁想，这竟然是永诀。

第十卷 人生若只如初见

人生若只如初见，这是多么美好的愿望。

在现实生活中，却多以遗憾结局。

徐志摩的情深无依，他为了生活四处奔波，以致于陷于焦头烂额的悲惨境地，致使其灵魂破碎。这是多么让人遗憾和扼腕的事情啊。

杨意不逢，抚凌云而自惜；钟期相遇，奏流水以何惭？

知音少，弦断有谁听？

用这样一句话去描写徐志摩和陆小曼的婚姻，应该是很贴切的：对的时间，遇见对的人，是一生幸福；对的时间，遇见错的人，是一场心伤；错的时间，遇见错的人，是一段荒唐；错的时间，遇见对的人，是一生叹息；万里何愁南共北，两心哪论生和死？

是谁倾尽前世的恩怨，让忧伤染尽苍白？

情深无依

徐志摩和陆小曼婚后也曾甜蜜了几年，你侬我侬，浓情蜜意。可随着时间的流逝，他们的感情也出现了很多问题。陆小曼喜奢靡，好交际，令徐志摩的痛苦一日深似一日，灵魂也一点一点破碎。他孤独地无限深情地一次又一次地呼唤爱人陆小曼，想用真情打动她，走进幸福之门。可最后换来的除了失望，还是失望。他的忧伤，像秋天的荒草，在苍茫的天地间婆娑。

徐志摩在爱情的冬季，梦想跌进冰冻的岁月，情思，深陷迷茫。

他多想绽开身体，唱一场生命的眷顾?

时光进入了1930年，徐志摩身心憔悴。好友胡适见状，深感不安，劝他带陆小曼离开上海的颓废生活，到北京发展。经过深思，徐志摩决定辞去上海几所大学的教席，转任北京大学英文系教授，并在北京女子大学兼课。

走出“销蚀筋骨”的上海颓废生活，迎着北京的积极向上的风气，徐志摩神清气爽，恢复了活力，找回了自信。

可陆小曼却不这么认为，她留恋上海的逍遥，不愿意离开十里洋场纸醉金迷的生活，所以拒绝搬回北平。

徐志摩的失望可想而知，他犹如被猛然浇了一盆冷水，从头冷到脚。他来北京，原本是想让陆小曼脱离上海的社交圈，脱离不健康的生活环境。他多么希望陆小曼努力上进，改掉这几年在上海沾染的坏习惯和抽鸦片的恶习。他一封又一封地写信给陆小曼，晓之以理、动之以情地劝她来京共同生活。陆小曼却毫不动心，不愿卸掉繁华浮尘。徐志摩爱情的春天，被她无情地冰冻封存。他执着的情怀，只留下一声无奈的叹息！

谁的苦苦哀求像杜鹃一样声声泣血？

1931 年春天，徐志摩在给陆小曼的信中，真诚地渴求她来北京生活，那泣血的话语，真叫人心酸，却打动不了爱人陆小曼：

“我未尝不知情理。但上海的环境我实在不能再受。再窝下去，我一定毁；我毁，于别人也无好处，于你更无光鲜。因此忍痛离开，母病妻弱，我岂无心？所望你能明白，能助我自救；同时你也从此振拔，脱离痼疾；彼此回复健康活泼，相爱互助，真是海阔天空，何求不得？……你能明白我的苦衷，放我北来，不为浮言所惑，也使我对你更加敬爱。但你来信总似不肯去南方。硖石是我的问题，你反正不回去。在上海与否，无甚关系。至于娘，我并不曾要你离开她。如果我北京有家，我当然要请她来同住。好在此地房舍宽敞，决不至于上海的局促。我想只要你肯来，娘为你我同居幸福，决不愿同来之理。你的困难，有我来看，决不在尊长方面，而完全在积习方面。积重难返，恋土情重是真的。（说起报载法界已开始搜烟，那不是玩！万一闹出笑话来，如何是好？这真是仔细打点的时机了。）我对你的爱，只有你自己最知道，前三年你初沾上习的时候，我心里不知有几百个早晚，像有蟹在横爬，不提多么难受。但因你身体太坏，竟连话都不能说。我又是好面子，要做西式绅士的。所以至多只是短时间绷长着一个脸，一切都郁在心里。如果不是我身体茁壮。我一定早得神经衰弱。我决意去外国时是我最难受的表示，但那时万一希翼是你能明白我的苦衷，提起勇气做人。我那时寄回的一百封信，确是心血结晶，也是漫游的成绩。但在我归时。依然是照旧未改；并且招惹了不少的浮言。我亦未尝不私自难受，但实因爱你过深，不惜处处顺你从着你，也怪我自己意志不强，不能在不良环境中挣出独立精神来。在这最近二年，多因循复因循，我可说是完全同化了。但这终究不是道理！因为我是我，不是洋场人物。于我固然有损，于你也无是处。幸而还有几个朋友肯关切你我的健康和荣誉，为你我另开生路，固然事实上似乎有不少不便，但只要你这次能信你爱摩的话，就算是你牺牲，为我牺牲，就你和一个地方要好，我想也不至于要好得连一天都分离不开。况且北京实在是好地方。你实在是过于执一不化，就算你这一次迁就，到北方来游玩一趟：不合意时尽可回去。难道这点面子都没有了吗？”

“我们这对夫妻，说来也真是特别：一方面说，你我彼此相互受苦与牺牲，不能说是不大。很少夫妇有我们这样的脚跟。但另一方面说，既然如此相爱，何以又一再舍得相离？你是大方，固然不错，但事情总也有个常理。前几年，想起来真可笑。我是个痴子，你素来知道的。你真是不知道我曾经怎样渴望和你两个人并肩散一次步，或同出去吃一餐饭，或同看一次电影，也叫别人看了羡慕。但说也奇怪，我守了几年，竟然守不着一单个的机会，你没有一天不是 engaged 的，我们从没有 privacy

过。到最近，我已然部分麻木，也不想望那种世俗的幸福。即如我行前，我过生日，你也不知道。我本想和你同吃一餐饭，玩玩。临别前，又说了几次，想要实行至少一次的约会，但结果我还是脱然远走，一单次的约会都不得实现。你说可笑不？这些且不说它，目前的问题：第一，还是你的身体。你说我在家，你的身体不易见好，现在我不在家了，不正是你加倍养息的机会？所以你爱我，第一就得咬紧牙根，养好身体。其次想法脱离习惯，再来可是我们美满的结婚幸福。我只要好好下去，做上三两年工，在社会上不怕没有地位，不怕没有高尚的名誉。虽则不敢担保有钱，但饱暖以及适度的舒服总可以有。你何至于遽尔悲观？要知道，我亲亲至爱的眉眉，我与你是一体的。情感思想是完全相通的；你那里一不愉快，我这里立即感到。心上一不舒服，如何还有勇气做事？要知道我这里确有些做苦工的情形。为的无非是名气，为的是有荣誉的地位，为的是要得到朋友们敬爱，方便尤在你。我是本有颇高的地位，用不着从平地筑起，江山不难取得，何不勇猛向前？现在我缺少的只是你的帮助与根据于真爱的合作。眉眉！大好的机会为你我开着，再不可错过了。时候已不早（二时半），明日七时半即须起身。我写得手也成冰，脚也成冰。一颗心无非为你，聪明可爱的眉眉，你能不为我想想吗？”

这是多么真诚的爱恋，那来自心灵的呼唤，盛开着爱的温馨，那是诗人徐志摩殷红的生命，浇灌着每一根苦涩凝爱的神经。他哪里知道，他那一轮丰满的相思却点不燃爱情的火种，那沸腾的火焰被陆小曼的一意孤行无情地掐灭了。

这封长达1600字的用心血写成的恳求信，陆小曼根本不理睬，仍然沉醉在上海的灯红酒绿中。

五月的北京，风和日丽，草长莺飞。徐志摩再次给陆小曼写信，要求她来京一起生活，哪怕是过半个夏天也行："归途上大家讨论夫妻，人人说到你，你不觉得耳根红热吗？他们都说我脾气太好了，害得你如此这般。我口里不说，心想我曼总有逞强的一天，他们是无家不冒烟，这一点我俩最沾光，也不安烟囱，更不说烟，这回我要正式请你陪我到北京来，至少过半个夏。但不知你肯不肯赏脸？景任十分疼你，因此格外怪我，说我老爷怎的不做主。话说回来，我家烟虽不外冒，恰反向里咽，那不是更糟糕更缠牵？"

6 月的信，7 月的信，徐志摩几乎泣血般哀求，道理讲尽，话也说尽，陆小曼依然无动于衷。

破梦浮春，冷暖的温差是上天的旨意？为何让徐志摩扯着冬季的情节一路走来？

是自投罗网，还是飞蛾扑火？要知道，水的尖叫完全可以毁掉一座山啊！

这是浪漫诗人徐志摩的悲哀！

徐志摩在 7 月 4 日信中，除了交代自己日常的生活外，还是苦口婆心地劝陆小曼认真做点事情："你能安心做些工作。现在好在你已在画一门寻得门径，我何尝不愿你竿头日进。你能成名，不论哪一项都是我的荣誉。"

陆小曼感情的疏远也让徐志摩很苦恼，他们久别见面时，徐志摩一进家门，陆小曼老是躺着不起身，他每回想张开胳膊来抱她亲她时，总是扫兴。在 7 月 8 日的家信中徐志摩如是写道："我这次回来，咱们来个洋腔，抱抱亲亲何如？这本是人情，你别老是说那是湘眉一种人才做得出，就算给我一点满足，我先给你商量成不成？我到家时刻，你可以知道，我既不想你到站接我，至少我亦人情的希望，在你容颜表情上看得出对我一种相当的热意。更好是屋子里没有别人，彼此不致感受拘束。况且你又何尝是没有表情的人？你不记得我们的‘翡冷翠的一夜’在松树七号墙角里亲别的时候？我就不懂何以做了夫妻，形迹反而得往疏里去！那是一个错误。”

9月底，徐志摩应王叔鲁之约，与张慰慈一起去什坊院看房子。只是搬迁北京之事，依旧不了了之。他在次日给陆小曼的信中写道：“房子倒是全地板，又有澡间；但院子太小，恐不适宜，我们想不要。并且你若一时不来，我这里另开门户，更增费用，也不是道理。”

10月，徐志摩给陆小曼总共写了六封信，其中两封主要还是劝陆小曼北上的事：10月1日信：“我每天每夜都想你。一晚我做梦，飞机回家，一直飞进你的房，一直飞上你的床，小鸟儿就进了窠也，美极！可惜是梦。想想我们少年夫妻分离两地，实在是不对。但上海决不是我们住的地方。我始终希望你能搬来共同享些闲福。北京真是太美了，你何必沾恋上海呢？”10月20日信：“爱，你何以如此固执，忍心与我分离两地？上半年来去频频，又遭大故，倒还不觉得如何。这次可不同，如果我现在不回，到年假尚有两个多月。虽然光阴易逝，但我们恩爱夫妇，是否有此分离之必要？眉，你到哪天才肯听从我的主张？我一人在此，处处觉得不合适；你又不肯来，我又为责任所羁，这真是难死人也！”

那是从哪里飘来的阴云，遮住了太阳的本意？

徐志摩不忍陆小曼走进沼泽，深陷进去，千呼万唤，却拗不过她双腿执拗如磐！他为自己的无能为力而悲哀，为自己的笔尖流淌的情愫湮灭不掉另类的思维而痛苦。他的伤痛如火山喷发。爱、自由与美的追求，步了雪的后尘。

痛和渴望燃烧了所有的日子，如一瓣馨香，跌落在了人间四月天。

四处奔波

新月如磐，辉光遍撒。

梦中，潮湿的雾霭被阳光驱散，花朵斑斓浮现，渐次开放，绿叶站在高枝上品评春色，暂短静谧的时光，竟然流下含情的泪水。

梦中的徐志摩，是否寻到了一颗罂粟的姿容？

徐志摩生命最后两年，生活再无诗意可言，陆小曼的生活开支太大，一掷千金，讲究衣着、名牌，就连手帕和香水都要法国名牌；跳舞、唱戏、打牌、抽鸦片，频频出入豪华赌场、夜总会、剧院；花费巨大，每月至少要五六百元。如此庞大的支出，就算徐志摩东奔西跑，兼几个大学的授课，也满足不了她的花销，况且，他没有积蓄，父亲又断绝了他的经济后援。在这种境况下，他只有拼命赚钱，那里还有心思写诗歌？

生活的寒风早已将他的诗情画意冰冻起来，在飘雪的日子里，他陷入了穷窘枯干的境地，激情再也燃烧不起来。

罗·勃朗宁说："爱情、希望、恐惧和信仰构成了人性，它们是人性的标志和特征。"

在上海，徐志摩先后在光华大学、东吴大学、上海法学院、南京中央大学以及北京大学兼课。同时，编刊物、办书店，月收入至少是五六百元，但即使这样，也还是满足不了陆小曼的奢靡生活。为此，徐志摩经常欠债，拆东墙补西墙，为家用告急急得如热锅上的蚂蚁。去北京任教后，徐志摩更是省吃俭用，所得收入基本上都给了陆小曼。他在给陆小曼的信中说："北大的教授（三百）是早定的，不成问题，只是任课比中大的多，不甚愉快。此外还是问题，他们本定我兼女大教授，那也有二百八，连北大就六百不远。但不幸最近教部禁止兼任教授，事实上颇有为难处，但又不能兼。如仅仅兼课，则报酬又甚微，六点钟不过月一百五十。总之此事尚未停当，最好是女大能兼教授，那我别的都不管，有二百八和三百，只要不欠薪，我们两口子总够过活。就是一样，我还不知如何？此地要我教的课程全是新的，我都得从头准备，这是件麻烦事；到不是别因为教书多占了时间，那我愿意写作的时间就得受损失。"

这种劳苦，徐志摩怎么能承受得住？他的吃力，他的疲惫，陆小曼知道吗？她不会心疼他一点点吗？

在另一份给陆小曼的信里，他写道："此星期已上课，北大八小时，女大八小时，昨今均七时起床，连上四课。因初到格外卖力（学生也甚欢迎），结果颇吃力，明日更繁重，上午下午两处跑，共有五小时课。星六亦重，又因所排功课，皆非我所素习，不能不稍事预备，然而苦矣。晚睡乃迟，而早上不能不起。"

很快，徐志摩收到了第一个月的工资，他本该高兴，却一点也高兴不起来，因为他还欠着别人的钱，可不能还，因为陆小曼还指着这些钱生活呢，他只得赶紧给陆小曼寄去。他在信中说：

"北大经过适之再三去说，已领得三百元。昨交兴业汇沪交账。女大无望，须到下月十日左右再能领钱，我又豁边了，怎好？南京日内或有钱。如到。来函提及。祝你安好，孩子！上沅想已到，一百元当已交到。陈图南不日去申，要甚东西，来函告知。”

徐志摩疲于奔命，也发牢骚，说自己是一只用来赚钱的牛。焦头烂额的他四处填补经济上的巨大漏洞，可是不管他如何的努力，巨大开支的家庭还是岌岌可危，他辛苦挣来的钱，一到陆小曼的手，就如同泥牛入海不见踪影，到了后来又是欠了一屁股的债。陆小曼呢，仍然我行我素，排场大的吓人，心安理得地享受着徐志摩的血汗钱。徐志摩几乎哀求她，减少家里的开支和所谓的排场：“第二是钱的问题，我是焦急的睡不着。现在第一盼望节前发薪，但即节前有，寄到上海，定在节后，而二百六十元期转眼即到，家用开出支票，连两个月房钱亦在三百元以上，节还不算。我不知如何弥补得来？借钱又无处开口。我这里也有一些书钱、车钱、赏钱，少不了一百元，真的踌躇极了。本想有外快来帮助，不幸目前无一事成功，一切飘在云中，如何是好？钱真是可恶，来时不易，去时太易。我自阳历三月起，自用不算，路费等等不算，单就付银行和你的家用，已有二千零五十元。节上如再寄回四五百十元，正合二千伍佰元，而到六月底还有四个月，如连公债果能抵得四百元，那就有三千元光景，按伍佰元一月，应该尽有富余，但内中不幸又夹有债项。你上节的三百元，我这节的二百六十元，就去了五百六十元，结果拮据得手足维艰。此后又已与老家说绝，缓急无可通融。我想想，我们夫妻俩真是醒起才是！若在因循，真不是道理。再说我原许你家用及特用每月近五百元为度，我本意教书而外，另有翻译方面二百可得，两样合起，平均相近六百，总还易于维持。不想此半年各事颠倒，母亲去世，我奔波往返，如同风里蓬帆。身不定，心亦不定，莎士比亚更如何译得？结果仅有学校方面五百，而第一个月又被扣了一半。眉眉亲爱的，你想我在这种情形下，张罗得苦不苦？同时你那里又似乎连五百都还不够用似的，那叫我怎么办？我想好好和你商量，想一长久办法，省得拔脚窝脚，老是不得干净。家用方面，一是（屋子），二是（车子），三是（厨房）：这三样都可以节省，照我想一切家用此后非节到每月四百，总是为难。眉眉，你如能真心帮助我，应得替我想法子，我反正如果有余钱，也决不自存。我靠薪水度日，当然梦想不到积钱，唯一希翼既是少债，债是一件 degrading and humiliating thing（使人难堪和丢脸的事情）。眉，你得知道有时竟连最好的朋友都会因此伤到感情的，我怕极了的。”

徐志摩苦苦守望着他和陆小曼的爱情，可是守望，会是一朵永远无望的花吗？

破碎的灵魂，落满风雪，一望再望。他们的婚姻早已荒草凄凄！

徐志摩不知道，他和陆小曼的婚姻，就像疾行在结冰湖面上的一块滑板，闯进了冰层“咔咔”豁裂声的领地，他随时都有再次跌进冰窟窿的可能！

阴晴冷暖

灵魂破碎了，梦也老了，霜打的日子，一切夜色都是失眠！

时光在风雨里缱绻，梦想在遥远的天际招手，焦头烂额的徐志摩依然奔走在艰难的路上。他多次催促陆小曼离开上海花天酒地的生活，多次被陆小曼拒绝。无奈，他只得在上海、北京两地奔波。1931 年上半年，他往返了八次，并想法省钱，为坐不花钱的飞机，他甘愿冒险。

为了多挣点钱，他一边兼课一边写稿子赚稿酬，那破碎的灵魂，还能支撑他的灵感和诗意吗？

他站在窗前，朝外望去，看见一群信鸽呼啸着飞去，心里如打翻了五味瓶，他多么想看到，他寄托情感的花，盛开一枝独秀的风景！

他的灵魂，依然在唐诗宋词里蹁跹起舞。

又是夜，他转过身去，快步走向书桌，拿起笔，写一篇有一百元报酬的《醒世姻缘》的稿子，笔尖狠狠地滑下去，他必须尽快完成这篇稿子，因为，还有稿子等着他写。他需要钱。

愁绪谁人堪共理？春花秋月原无意！相思字，倦红尘。

秋风卷起枯叶，满天飞舞，1931 年 10 月，徐志摩为了解决手头紧迫的问题，还有一件事不得不做，那就是做房子买卖中间人的事。为了获得一厘二毫五的佣金，他积极促成蒋百里的房子的出售，何竞武在上海卖房子，还有孙大雨卖宅地，这几宗生意如果成功，都可以得到相当的佣金，至少有 2000 元的收入。那几日，在给陆小曼的信中，他几乎都是谈这两笔交易的事情。他问她："事情倒是缠成什么样子？是谁在说竞武肯出四万买，那位"赵"先生肯出四万二的又是谁？看情形，百里分明听了日本太太及旁人的传话，竟有反悔成交的意思。那不是开玩笑吗？为今之计，第一先得竞武说明，并无四万等价格，事实上如果他转买出三万二以上，也只能算做佣金，或利息性质，并非少蝶一过手既有偌大利益。百里信上要去打听市面，那倒无妨。我想市面决不会高到那里去，恐无结果；徒劳旅费，不是道理。我想百里既说要去打听振飞，何妨请少蝶去见振飞，将经过情形说个明白。振飞的话，百里当然信。并且我想事实上百里以三万二千元出卖，绝不吃亏。他若问明市价，或可仍按原议进行手续，那是最好的事；否则，就有些头绪纷繁了……但这样一岔，这桩生意经究竟看落何处，还未得知。”

为了能做成这笔生意，徐志摩甚至不惜让翁端午帮忙。他说：“百里那里，我未回信，因为等少蝶来信，再做计较。竞武如果虚张声势，结果反而使我们原有交易不得着落，他们两造，都无所谓；我这千载难逢的一次外快又遭打击，这我可不能甘休！竞武现在何处，你得把这情形老实告诉他才是。……大雨家贝当路那块地立即要出卖，他要我们给他想法，他想要五万两，此事端午有去路否？请立即回信，如端午无甚把握，我另函别人设法。事成我要二厘五的一半。如有人要，最高出价多少，立即来信，买否由大雨决定。”

时间能改变一切，风雨侵蚀的灵魂，真的是一首缠绵指绕的情殇？

这样的信件，是曾经风流倜傥的大诗人徐志摩写的吗？他不是曾经极度厌恶经商的理想主义者吗？

生活真的很残酷，真的很无奈！

当年，那个背叛了父亲的期望，由经济学改为文学的徐志摩，在几年后，竟然为了区区几个佣金，努力抓住这“千载难逢”的机会，怕失去赚钱的机会而着急上火，“不可甘休”。

谁在伸手抚摸时光？在新月温软处，喧嚷陌生的分子，像一团雾霭正在将他笼罩，他不敢回忆过去的激情，不敢惊动那些切肤之痛！

徐志摩在穷困中写了一首诗——《生活》，极度的颓废和不振，可以看得出来，那灵魂破碎的痕迹。

阴沉，黑暗，毒蛇似的蜿蜒，
生活逼成了一条甬道：
一度陷入，你可向前，
手扪索着冷壁的粘潮，

在妖魔的脏腑内挣扎
头顶不见一丝的天光，
这魂魄，在恐怖的压迫下，
除了消灭更有什么愿望？

这首诗反应他当时的绝望心境和无奈。

徐志摩这样一个富家子弟，陷入了如此窘境，谁之过？甚至，他穷到了连回家的路费都没有，好久不能回家，他写信给陆小曼：“我是穷得寸步难移；再开窟窿，简直不了，你是知道的，大雨搁浅，三百渺渺无期。所以只要生意确有希望，钱不愁落空，那我何不愿意回家一次，但星六如不走，那就得星四（十月二十九）再走（功课关系）。”

徐志摩陷入生活的绝境，一方面，他拼命地赚钱，却穷困潦倒，为钱所困；另一方面，陆小曼拼命地挥霍，整日花天酒地，家里亏欠的窟窿越来越大。不久，他接到银行来信，说，一个月连房租带别的零用共欠五百有余。恰在这时，陆小曼跟翁端午的闲言碎语不断地传入耳中，生活的压力和烦恼不断地困扰他，他的诗兴枯竭了。

徐志摩因为妻子陆小曼纸醉金迷的挥霍，不得不想方设法地拼命赚钱，徘徊在穷困之间，他不得不去做生意，甚至倒卖文物，灵魂的破碎让他难上加难！生意不顺，愁的夜不能寐；家里没钱了、欠债了，他急火攻心。他要陆小曼把欠的钱拢个数告诉他："请你写个条子叫老何持去兴业（静安寺路银行，问锡璜，问他我们账上欠了多少？你再告诉我，已开出节账，到哪天为之，共多少？连同本月的房钱一共若干？还有少蝶那笔钱也得算上。如此连家用到十月底尚须清多少，我得有个数。账再来设法弥补。你知道我一连三月，共须扣去三百元。大雨那里共三百元，现在也是无期搁浅。真受不了。你爱我，在这窘迫时能替我省，我真感谢。我但求立得直，以后既要借钱也没有路了，千万小心。"

秋风无情地吹拂着，陷入生活困境的徐志摩的心，悠悠沉痛，他对陆小曼的爱天地可鉴，他对她的呼唤，却得不到回应，他的痛苦如此地深沉！

黑夜在延伸和攀爬，痛苦和孤独仿佛已经结冰，而徐志摩的内心，早已冰雪成坨。在红尘深处，他的脚步已经踉跄了许久。他还在期望着陆小曼觉醒，在给她的信中，言辞恳切，爱意绵绵："至于我回去问题，我哪天都可以走，我也极想回去看看你。但问题在这笔旅费怎样报销，谁替我会钞，我是穷得寸步难移；再要开窟窿，简直不了。你是知道的（大雨搁浅，三百渺渺无期）。所以只要生意确有希望，钱不愁落空，那我何乐不愿意回家一次。"

10 月 29 日，徐志摩再度写信给陆小曼，信中说："至爱妻眉：今天是九月十九，你二十八年前出世的日子。我不在家中，不能与你对饮一杯蜜酒，为你庆祝安康。这几日秋风凄冷，秋月光明，更使游子思念家庭。又因为归思已动，更觉百无聊赖，独自惆怅。遥想闺中，当亦同此情景。今天洵美等来否？也许他们不知道，还是每天似的，只有瑞午一人陪着你吞吐烟霞。

"眉爱，你知我是怎样的想念你！你信上什么"恐怕成病"

的话，说得闪烁，使我不安。终究你这一月来身体有否见佳？如果我在家你不得休养，我出外你仍不得休养，那不是难了吗？前天和奚若谈起生活，为之相对生愁。但他与我同意，现在只有再试试，你从我来北平住一时，看是如何。你的身体当然宜北不宜南！

“爱，你何以如此固执，忍心与我分离两地？上半年来去频频，又遭大故，倒还不觉得如何……

你送兴业五百元是哪一天？请即告我。因为我二十以前共送六百元付账，银行二十三来信，尚欠四百元，连本月房租共欠五百有余。如果你那五百元是在二十三以后，那便还好，否则我又该着急得不得了了。请速告我。

“车怎样了？绝对不能再养的了！

“……

“明日我叫图南汇给你二百元家用（十一月份），但千万不可到手就宽，我们的穷运还没有到底；自已再不小心，更不堪设想。我如有不花钱飞机坐，立即回去。不管生意成否。我真是想你，想极了！”

这封信是徐志摩给陆小曼的最后一封信。寄出这封信后，徐志摩开始走上了不归路。

鲁迅说：“悲剧将人生的有价值的东西毁灭给人看，喜剧将那无价值的撕破给人看。”这是多么深刻、多么切入肌肤的名言警句！

爱情有时候就像罂粟，美好却伤人。

夜在沉浮的忧思中旋转，徐志摩把自己定格在往事的深处，让那些远去的日子生根发芽。那里凝聚着他的渴求和向往的激情！

为何费了那么大的劲得来的爱情，会是风雨蹀躞，那碧色的倦恋，为什么竟伴着雪花上路？

也许，平平淡淡才是真，这句话是至理名言。

如果徐志摩跟张幼仪一直过下去，也许生活会平淡，但徐志摩决不会陷入如此痛苦和尴尬的境地；也许，徐志摩在追求爱、自由、美的过程中，应该选择一个靠谱的女人，起码本分、务实、上进，如此徐志摩决不会过早地离世。

当然，生活中没有也许，道路都是自己选择的。

1931年10月31日，徐志摩搭乘张学良的专机回到上海的家中，看到陆小曼举着一杆大烟枪，在喷云吐雾，对于徐志摩的归来，脸上没有丝毫的表情。他又气又急，家里负债累累，她依然故我，全无悔改之意，打牌，吸大烟，排场一样不少，这日子怎么过？他劝说陆小曼，夫妻俩吵了起来。陆小曼顺手把大烟枪朝徐志摩的脸上扔了过去，徐志摩躲闪不及，眼镜被砸到地上摔得粉碎。他的心彻底凉了，一转身就出了家门。那天晚上，他没有回家，没想到第二天下午回家看到的竟是陆小曼的绝情信，他什么也没说，铁青着脸整理好行李箱离开了家。

寒风、孤独、远方……

上海的街道上，走着灰心绝望，愤懑无助的徐志摩，那沉重的脚步，逆行，在沉寂的夜晚响成一曲悲歌。

爱情已经枯萎，罂粟爱情散发着毒人的气息。

徐志摩蜷缩成寂寞的姿势。

夜的密语，在寂静中长成情感的树叶，去葱茏他仰望的眼神。

灵魂破碎

一抹花香袭过，一缕清风拂面，一束探寻的目光穿透了谁的灵魂？

痛苦中的徐志摩，多么想化作俯首沉思的龙蟒，徘徊着吟唱生命的赞歌，轮回着生命的华美篇章。

谁是我终生的眷恋，前世今生的缘？

那枚新月，是否能梳理这飘着雪的心灵？用记忆酝酿而成的希望，随着他的故事，弥漫整个世界。

徐志摩的痛苦日深一日，他曾在一篇文章里说：

“人们原来都是会飞的。天使们有翅膀，会飞，我们初来时也有翅膀，会飞。我们最初就是飞了来的，有的做完了事还是飞了去，他们可羡慕的。”

“……是人没有不想飞的，老是在这地面上爬着够多厌烦……这皮囊要是太重挪不动，就掷了它，可能的话，飞出这圈子，飞出这圈子！……”

“你上那边山峰顶上试去。要是度不到这边山峰上，你就得到这万丈深渊里去找你的葬身地！”

“这人形的鸟会有一天试他第一次飞行，给这世界惊骇，使所有的著作赞美，给他所从来的栖息处永久的光荣。”

“同时，天上那一点子黑的已经迫近在我的头顶，形成了一架鸟形的机器，忽的机沿一侧，一球光直往下注，嘭地一声炸响，——炸碎了我在飞行中的幻想，青天里平添了几堆破碎的浮云。”

这一句句震撼心灵的文字，是浪漫诗人对自己命运的预言吗？

徐志摩的痛苦已经浩浩荡荡，才能写出这样的文字，那是他在风中的颤栗，在激流中的叹息，在孤独中的呼唤，破碎的灵魂被寒冷的冬季冰冻。沉重的脚步穿越夜的谷底，走不出雾霭的迷茫。

在他去世的前一年，他写了一首长诗《爱的灵感——奉适之一》，那惊心动魄的诗句，让人看后胆战心惊：

不妨事了，你先坐着吧，
这阵子可不轻，我当是
已经完了，已经整个的
脱离了这世界，飘渺的，
不知到了哪儿。仿佛有
一朵莲花似的云拥着我，
（她脸上浮着莲花似的笑）
拥着到远极了的地方去屣
唉，我真不希罕再回来，
人说解脱，那许就是吧！
我就像是一朵云，一朵
纯白的，纯白的云，一点
不见分量，阳光抱着我，
我就是光，轻灵的一球，
往远处飞，往更远的飞；
什么累赘，一切的烦愁，
恩情，痛苦，怨，全都远了，
……

纷乱占据了我的灵府。
但我当时一点不明白，
不知这就是陷入了爱！
“陷入了爱，”真是的！前缘，
孽债，不知到底是什么？
但从此我再没有平安，
是中了毒，是受了催眠，
教运命的铁链给锁住，
……
我可以，我是准备，到死
不露一句，因为我不必。
死，我是早已望见了的。
那天爱的结打上我的
心头，我就望见死，那个
美丽的永恒的世界；死，
我甘愿的投向，因为它
是光明与自由的诞生。
……
听，你听，我说。真是奇怪。
这人生的聚散！
现在我
真，真可以死了，我要你
这样抱着我直到我去，
直到我的眼再不睁开，
直到我飞，飞，飞去太空，
散成沙，散成光，散成风，

啊苦痛，但苦痛是短的，
是暂时的；快乐是长的，
爱是不死的：
我，我要睡……

徐志摩的痛苦已无可挽救，他的灵魂被残酷的生活积压碎了，如玻璃碎了满地，再也修补不了。从他的诗歌里，他想像着把自己的灵魂置于无限的宇宙中，去享受那辽阔和永恒。

当他千万次的颤栗，千万次赤裸，千万次地虔诚地膜拜爱、自由和美的时候，他是不会想到他会以悲剧作为结局的。终于，他将自己的生命升华到永恒，化蝶而去，成为高空的一片云。

徐志摩勇敢地把人生最有价值的东西毁灭给人看，站在岁月的掌心里，让大海流进悲哀，立成一道风景，等待梦里石头花开，他的贡献永恒。

上帝总是在关键的时刻“打鼾”。岁月无尽的流逝，徐志摩用破碎的灵魂垒成一座山的遗憾，他的追寻已深如古井、长如溪水。

一个充满悲剧色彩的失败英雄。他的追求让我们惭愧！因为我们的心胸太窄小了，从未敢做他那样的梦想，他虽失败，却让我们同情与敬仰。偌大的世界，只有他有这样的胆量和信心，冒了绝大的危险，费了无数的精力，牺牲了平凡的安逸，去追求去试验一个梦想之神圣境界。

那理想的追求好美！像云端的彩虹，梦牵魂绕。

第十一卷

轻轻地我走了

爱情是什么？是甜蜜之果还是罂粟？抑或是罂粟爱情？

测量你的心，究竟有多深？

爱情真的像玻璃一样透明、美丽、易碎？徐志摩小心翼翼地维护爱情，为何被伤得体无完肤，连命都丢掉了？那种致命的诱惑，透骨的哀伤，生离死别，寸寸春心，难道爱只能死于爱情之中？

谁能突破梦境的迷离和现实的残酷？

诗歌的穿透力和徐志摩对爱、自由、美的追寻，在生命的边缘踟蹰。

诗人遇难，诗坛寂寞，他神奇完美的诗歌却得以永恒！

新月芳华似水，凄婉的寂寞，有熟悉的歌吟传来，明媚了不息的眷恋。

飞扬灵魂

花非花，梦非梦。

今夕何夕？诗人徐志摩为谁捡拾一路风景，固守在缘分的天空上，浅唱吟哦？把过往的芳华掬进手心，铺就一纸的芬芳。

今夜，轻浅的月色，撩动红尘深处悠远远的琴弦，一声叹息，如月恋歌飞逝！

徐志摩就像一只飞旋在世俗与禅境、焦虑与安宁、追随与背离、现实和梦幻之界的知更鸟，哪里都可以驻足，哪里似乎都容纳不了那天性的失衡的灵魂。

爱情真如烟花，只有瞬间的绚丽，亮了徐志摩的双眼，然后，就坠入了黑暗。

这是多么惨痛的悲剧！

我听到了那架撞山的飞机呼啸坠地的声音，以及燃起大火飞驰的光影。

1931 年 11 月 18 日，徐志摩乘火车由上海到达南京；19 日上午 8 时，徐志摩乘中国航空公司“济南”号飞机由南京飞往北平。机上除了飞机师王贯一、副机师梁壁堂，并无他人。徐志摩为了省钱宁可与40余磅邮件为伴，一同飞往北京。

徐志摩望着舷窗外透蓝的天空，浮动着朵朵白云，心里的难过无以言表。那是充满了血和泪的最后的守望！就像一个音符，在那台古老的筝琴上跳跃，叩问历史和未来。

梦在远方？在黄昏归帆上那一弯新月上？

月落西窗，一帘幽梦来。是谁把梦撕开两半？一半是深海，一半是火焰；一半是甜蜜，一半是痛苦！爱人啊，我要如何才能真正走进你的心里？

谁也没有料到，飞机飞到山东党家庄一带，忽遇漫天大雾。飞机师为寻觅航线，降低飞行高度，不慎误触开山山顶，机油四溢，机身起火，坠落山脚。待村人赶来时，两位飞机师已烧成焦炭；徐志摩座位靠后，仅衣服着火，皮肤有一部分的伤，只是他额头撞开一个大洞，成为致命创伤。

"轻轻地我走了……"
"直到我飞，飞，飞去太空，
散成沙，散成光，散成风，
啊苦痛，但苦痛是短的，
是暂时的；快乐是长的，
爱是不死的：
我，我要睡……"
飞扬灵魂，飞扬灵魂……
一代诗魂，悄然离去。

当晚，霏霏细雨弥漫半个中国，似乎是在哀悼天才诗人徐志摩的早逝。

21日下午，徐志摩的灵柩暂停在济南福缘庵，后由友人沈从文、梁思成，亲戚张嘉铸等主持，将遗体运往上海，由万国殡仪馆重殓，在静安寺设奠，最后安葬在诗人的故乡浙江海宁硖石镇东山万石窝，墓碑系书法家张宗祥所题。

徐志摩60岁的老父亲徐申如听到唯一的爱子遇难，老泪纵横，凄然叹道："完了！"

这一年，徐家灾祸不断，徐申如饱受死别之痛：4月，妻子病故；11月，儿子又遇难。徐申如心都快碎了，痛不欲生。

徐志摩的死，将爱恨情愁，悲欢离合，全部带走了。

纸醉金迷中的陆小曼听到这一消息，晕死过去，只是，她的悔恨和悲痛已经没有了任何意义。和徐志摩结婚五年来，她把她的挥霍、快乐都建立在他的痛苦之上，他是那样的爱她，她却从来没领过情，认为这一切都是他应该做的；他苦口婆心劝她，让她脱离纸醉金迷的生活，她从来不听，并越走越远；他不管在什么地方都想着她，为了满足她的喜好，不远千万里地给她寄东西，她从来没有回报；他不论走到哪里都不忘给她写信，怕她孤单安慰她，她却很少回信，甚至对他写来的信看都不好好看就随手扔掉了；他为她奔波拼命、痛苦辗转，挣扎在生活中，可她只顾自己享受，从来没有关心过她的生活、健康和心境；他每次的来去都是自己打点行装；他的衣服越来越破旧，可是她从来不管；他的经济压力越来越大，她只管自己挥霍，从不替他想不替他分忧……如今，他走了，她才真正意识到那个最爱自己的人真的离开了。悔恨不已的她，悲痛地写下了哀婉凄绝的挽联：

多少前尘成噩梦，五载哀欢，匆匆永诀，天道复奚论，欲死未能因母老；

万千别恨向谁言，一身愁病，缈缈离魂，人间应不久，遗文编就答君心。

陆小曼想起徐志摩劝她脱离上海灯红酒绿时写的诗歌《我不知道风是在哪个方向吹》，真的肝肠寸断：

“我不知道风
是在哪一个方向吹——
我是在梦中，
在梦的轻波里依洄。

我不知道风
是在哪一个方向吹——
我是在梦中，
她的温存，我的迷醉。

我不知道风
是在哪一个方向吹——
我是在梦中，
甜美是梦里的光辉。

我不知道风
是在哪一个方向吹——
我是在梦中，
她的负心，我的伤悲。

我不知道风是

在哪一个方向吹——
我是在梦中，
在梦的悲哀里心碎！

我不知道风
是在哪一个方向吹——
我是在梦中，
黯淡是梦里的光辉。”

有人评价徐志摩的这首诗歌有颓废的情绪。是呀，爱情的失落、经济的压力，他的绝望又有谁能体会得到呢？

在悔恨而悲痛中的陆小曼想起了徐志摩对她说的话：“眉，你今天说想到乡间去过活，我听了顶喜欢，可是你得准备吃苦。总有一天我引你到一个地方，是你完全转变你的思想与生活习惯。”

徐志摩一直想改变她晚睡晚起的生活习惯，从而脱离大上海光怪陆离的夜生活，但陆小曼我行我素，根本不听，仍然是每天中午或者下午才起床，到了晚上才开始一天的生活；徐志摩一直想要陆小曼振作起来跟着他创作，写诗或小说、剧本或绘画，可她却仍然声色犬马，看戏、跳舞、打牌、抽大烟，混迹于上海社交场所；徐志摩到北京后，希望她来京一起生活，脱离上海的交际圈子，可是她坚决不去北京生活，让他的愿望落空。她不仅恶习不改，还把徐志摩拖进了痛苦的深渊；最后，为了省钱坐了邮政飞机而丧命。

欲取鸣琴弹，恨无知音赏。

一些人，总是在失去之后，才明白拥有时的珍贵。

其实，徐志摩追求唯一灵魂之伴侣没有错，错在选择的对象。他和陆小曼的结合本身就是个错误，两个人本质不同，注定了婚姻的不和谐。徐志摩天真单纯，精神洁净，喜欢大自然，希望在安静的生活中研究问题，创作心灵之作。他在给胡适的信中说道："我又是绝对无意于名利的，所要的只是'青草人远，一流冷涧'。"他希望爱人与他一起追求事业，而陆小曼却是声色犬马、纸醉金迷的交际花。所以，他的爱情注定是悲剧！

梁启超批评他们的话不幸言中。

世人总为徐志摩长叹。叹他多情、痴情，却又被情误。如果他知，可会有悔。夜读他的《爱眉小札》，我总是忍不住想，一盏桔红色台灯，牵出缕缕桔红色的回忆，那是诗人递来的心的温馨和眼眸的忧怨吗？你希翼轻拥的柔和明丽的梦，何时得到过爱人陆小曼的珍重？你雪白的稿纸编织成的信件，已经融为血红的话语，那也只是你一个人脉管里绵绵不绝的追求，是你一个人灿烂的理想。

英国诗人柯勒律治说："闹剧在本质比喜剧更接近于悲剧。"

人生的悲剧只有两种：一是得不到你想要的东西；二是得到了你不想要的东西。徐志摩经过努力，得到了想要的东西，谁知，那竟是隔着命运的藩篱，他真的可望不可即。

寂寞诗坛

没有徐志摩的诗坛是寂寞的。

徐志摩遇难的噩耗传出，在中国文艺界引起很大的震动。曾一度与他笔墨相讥的鲁迅，也心情沉重地从《时报》上剪下了关于这次空难事件的报道；胡适更是痛心疾首，他在徐志摩遇难次日的日记中感慨地写道："朋友之中，如志摩天才之高，性情之厚。真无第二人！”并写了《追悼志摩》一文寄托哀思，“……他的失败是因为他的信仰太单纯了，而这个现实世界太复杂了。他的单纯的信仰经不起这个现实世界的摧毁”；周作人说：“中国新诗已有十五六年的历史，可是大家都不大努力，更缺少锲而不舍地继续努力的人，在这中间志摩要算是唯一的忠实同志”；梁实秋则认为：“志摩的天才在他的散文里表现最清楚最活动”；沈从文号召：“纪念志摩的唯一方法，应当是扩大我们个人的人格，对世界多一分宽容，多一分爱”；蔡元培的挽联最为精妙：“谈话是诗，举动是诗，毕生行迳都是诗，诗的意味渗透了，随遇自有乐土；乘船可死，驱车可死，斗室坐卧也可死，死于飞机偶然者，不必视为畏途。”

林徽音得知徐志摩遇难的消息，痛心如焚，除了一手张罗徐志摩后事，还写下了悼怀徐志摩纯真友情的诗歌《别丢掉》：

“别丢掉
这一把过往的热情，
……你仍要保存那真！
一样是月明，
一样是隔山灯火，
满天的星，
只使人不见……”

1934 年 11 月，林徽因和梁思成去南方考察路过硖石，停车的几分钟里，她下了车，在昏沉的夜色里，独自站在车门外思念故去的挚友。1935 年，林徽音发表了《纪念志摩去世四周年》一文，内有“凝望着幽黯的站台，默默的回忆许多不相连续的过往残片，直到生和死间居然幻成一片模糊，人生和火车似的蜿蜒一串疑问在苍茫间奔驰……如果那时候我的眼泪曾不自主的溢出睫外，我知道你定会原谅我的。”她将徐志摩空难后的一块飞机残片拿回家置于起居室中，一直保存到她1955年辞世。林徽因在《纪念志摩去世四周年》一文最后一段写道：“你走后大家就提议要为你设立一个‘志摩奖金’来继续你鼓励人家努力诗文的素志，勉强象征你那种对于文艺创造拥护的热心，使不及认得你的青年人永远对你保存着亲热。”

在徐志摩乘飞机失事后的第二个晚上，朋友赵元任心情沉重地把《大公报》上刊登飞机失事的消息剪下来，加上注，贴在日记里。他写道“晚听说徐志摩坐飞机上死了!!! 可惜徐志摩没能听到《海韵》的演出。”徐志摩遇难后，他写给陆小曼的诗歌《海韵》，便由赵元任谱曲成歌，一时成为“绝唱”。

徐志摩在《海韵》一诗中写道：

一

“女郎，单身的女郎，
你为什么留恋
这黄昏的海边？
女郎，回家吧，女郎！”
“阿不，回家我不回。
我爱这晚风吹！”——
在沙滩上，在暮霭里，
有一个散发的女郎——
徘徊，徘徊。

二

“女郎，散发的女郎，

你为什么徬徨
在这冷清的海上？
女郎，回家吧，女郎！”
“阿不；你听我唱歌，
大海，你唱，我来和。”
在星光下，在凉风里，
轻荡着少女的清音—
高吟低哦。

三

“女郎，胆大的女郎！
那天边扯起了黑幕，
这顷刻间有恶风波，——
女郎，回家吧，女郎！”
“阿不，你看我凌空舞，
学一个海鸥没海波。”——
在夜色里，在沙滩上，
急旋着一个苗条的身影，——
婆娑，婆娑。

四

“听呀，那大海的震怒，
女郎回家吧，女郎！
看呀，那猛兽似的海波，
女郎，回家吧，女郎！”
“阿不，海波他不来吞我，
我爱这大海的颠簸！”
在潮声里，在波光里，

啊，一个慌张的少女在海沫里，
蹉跎，蹉跎。

五

“女郎，在哪里，
女郎，在哪里，
你嘹亮的歌声，在哪里，
你窈窕的身影，在哪里，
啊，勇敢的女郎？”
黑夜吞没了星辉，
这海边再没有光芒；
海潮没了沙滩，
沙滩上再不见女郎，——
再不见女郎！

只是这样情真意切的诗歌，直到他去世都没有得到陆小曼的回应。

徐志摩遇难后，文坛才俊纷纷撰文纪念，唯诗人闻一多迟迟没有反应，以致他的学生臧克家不禁发问，“你是公认的徐的好朋友，为什么没有一点表示呢？”闻一多回答，“志摩一生，全是浪漫的故事，这文章，怎么个做法呢？”

1931 年 11 月 20 日，胡适在日记中写道：“昨早志摩从南京乘飞机北来，曾由中国航空公司发一电来梁思成家，嘱下午三时雇车去南苑接他。下午汽车去接，至四时半人未到，汽车回来了。我听徽因说了，颇疑中途有变故。今早我见《北平晨报》记昨日飞机在济南之南遇大雾，误触开山，坠落山下，司机与不知名乘客皆死，我大叫起，已知志摩遇难……下午，思成徽因夫妇来，奚若来，陈雪屏、孙大雨来，钱端升来，慰慈来，孟和来，孟真来，皆相对凄惋。”

飞机出事后，天降细雨，霏霏迷迷、不紧不慢地下了一夜。

新月隐去，夜色里，只有雨滴和树叶缠绵的声音。

静默哀痛的诗坛！

人们纷纷剪下这日《晨报》消息，以志忆念。

徐志摩创作新诗时间并不长，仅仅十个年头，他却在这一领域留下了浓墨重彩、辉煌耀目的华彩篇章，雄踞中国诗坛上不可替代的地位。

如今，80 多年过去了，当今人再度品味他的诗歌时，依然感觉有风掠过心头，有雨淅沥敲打着灵魂，心里就有点滴的温暖复苏，拼命地在曾经的记忆里挖掘线索，那是黑暗中卓扬贴近心灵的气息；那是一代诗人血管跳动的声音。

徐志摩可称天才诗人，一出手就写出了音韵铿锵、温婉浏亮的诗作，这在中外文学史上亦实属罕见。如：收录在《志摩的诗》中的一些早期诗作《雪花的快乐》《沙扬娜拉》《为要寻一个明星》《怨谁》等诗歌，意象纯美、个性鲜明，诗歌成熟，仿佛是早已著名诗人之作。

这种境界和功力，恐怕是一般人难以企及的。

当他徘徊在康河岸边，牛津、剑桥两个“压得倒人的学府”，给了他丰润的文化洗礼与滋养，牛顿、达尔文、弥尔顿、拜伦、华兹华斯、阿诺德等一批从剑桥走出的科学、文化巨人引领着他，让他渐渐寻着了治学的门径：“就我个人说，我的眼是康桥教我睁的，我的求知欲是康桥给我拨动的，我的自我的意识是康桥给我胚胎的。”难怪剑桥在诗人心目中留下了铭心刻骨、历久弥新的印象。

“轻轻的我走了，
正如我轻轻的来；
我轻轻地招手，
作别西天的云彩。”

这叫人含英咀华般地的华美诗句，是浪漫派诗人徐志摩对自由、自我、自然的矢志不渝的追求。

那是诗人的底色和风度，在文学创作的真谛的引领下，插上了诗歌的翅膀。诗是心灵创作的结晶，他的诗歌和内在生命的节奏，水乳交融。

窗外，细雨潇潇，翠竹轻摇，深秋时节，却是早春气候，诗人的魂魄是否已经安息？

抚着《徐志摩全集》的字行，我们看到，他是现代文学史上较早译介欧西诗歌的一位，曾先后翻译过十余位诗人的作品。他在翻译中学习，滋养灵魂，他的诗歌，随处可见济慈和华兹华斯、以及哈代的影响，细雨润无声般地浸染着西方著名诗人自在、空灵的韵致。

纪伯伦说：“信仰是心中的绿洲。”

徐志摩在他信仰的绿洲上辛勤耕作，执着地开创诗歌的天地和事业，他介绍和翻译了大量的西方诗歌作品，对中国新诗的影响力，不可估量；他的目光，深入远方，那里有新诗的园地和育苗，在那枚新月照耀下，他桃李芬芳满天下。回归祖国后，他执力于文学艺术教育，在清华、北大各大学讲授西方文化与英诗，他就像虔诚的农夫用汗水和真情播撒着文学的种子，在生命的土地上，盛开朵朵馥郁的诗歌繁花。他的才名籍甚，他的诗人气质受到学生们的喜爱和欢迎。

多年之后，卞之琳追忆受教于这位大诗人门下时的情景说：“他给我们在课堂上讲英国浪漫派诗，特别是讲雪莱，眼睛朝着窗外，或者对着天花板，实在是自己在作诗，天马行空，天花乱坠，大概雪莱就是化在这一片空气里了……”

作为跋涉者，他眼里的目标在幻象里延伸着，就像一块瘦峭的岩石，扛起崎岖，隐藏起痛苦和哀伤，一路向前。显示着崇山峻岭般伟岸的冷峭。他的英诗课程讲授得深入、系统；他的诗人身份对南北青年学子产生了巨大号召力！

他是中国新诗的引领者，他在中国诗坛上的地位无可置疑！

诗坛上的徐志摩天真、温厚，心清如水，他对过往甚密的朋友更是真诚，肝胆相照，以一种真诚的眼光注视着人间的仁慈或丑恶。1923 年徐志摩因在《努力》刊出几节“杂记”，对郭沫若刚刚出版的新诗大作《女神》评价了一番，不想竟遭致同属于创造社的成仿吾的回击，由此演成一起措辞激烈的笔墨官司。其实，徐志摩批评的是新诗创作中常常遇到的平庸化和感伤主义的泛滥，一语道破了新诗的痛处：“人有真好人，真坏人，假人，没中用人；诗也有真诗、坏诗、形似诗。”话说得一点儿不含糊，而针对这一弊端开出的药方，便是徐志摩、闻一多、朱湘等提倡的新诗格律化。

而今，时间已将及一个世纪，有人说，缺少了新月派在格律、诗体方面的探索，或者忽略了徐志摩在诗歌领域的创作活动，我国现代新诗的形成及发展实在是难以想象的。此话颇为中肯。

没有徐志摩的诗坛，是寂寞的。

当他与新月对坐，眼眸里的一抹犀利之光渐渐柔和，灵魂在大地的词典里，就有了宽厚，有了安宁，有了雅致。花朵在大地上绽放，清香成诗歌；琴曲一样的流淌，透明成灵魂歌唱。

新月落下去，是新鲜的朝气蓬勃的清晨。

那是生命的一种抵达。

神奇完美

大风吹过田野，大地花落无声。

而徐志摩的诗歌，却在岁月的轮回里，久唱不衰！和那枚新月一起永恒！

那神奇而完美的吟诵，让那个疲惫和倦怠的他，有个回望的高度，有片悠然自得的空旷和辽阔。

无疑，诗歌是他灵魂的栖息地。

1932 年，沈从文在《论徐志摩的诗》一文中写道："一种奢侈的想象，挖掘出心的深处的苦闷，一种恣纵的、热情的、力的奔驰……这类诗只显示作者的一面，是青年的血，如何为百事所燃烧。……另外一个倾向上，……柔软的调子中交织着热情，得到一种近于神奇的完美。"

从 1922 年 10 月到 1925 年上半年，徐志摩从英国回国后近三年的时间，是他诗情勃发的一个时期。

呼之欲开，一枝蓓蕾，迎着朝霞轻轻地摇曳，静候花期。

徐志摩伫立新月下，循着摇曳的节奏，在远远的风中凝视，他的心，也恍若开花。

1925 年 8 月，徐志摩为了提醒读者、反观自己，以自信与审慎以及负责的态度，将这一时期的诗歌创作结集，自费出版了他的第一部诗集《志摩的诗》。诗集出版后，立即引起了文坛的注目和广大读者的热烈欢迎，一颗耀眼夺目的新诗明星，在中国大地冉冉升起。

徐志摩成为当时中国最有前途的诗人。

如果说，那枚新月是一朵花儿灿烂的枝头，徐志摩就是那只萦绕枝头的彩蝶。

一枝独秀，红晕初开。花的意象，仿佛神秘的谕旨，惹得芳香四溢。

《志摩的诗》出版，是中国现代新诗史上的一件大事，是继郭沫若的《女神》之后的最具特色的新诗力作。

这本诗歌集，以自由体的形式，伴随着形式的赏心悦目，洋溢着积极和乐观向上的人生观念以及诗意的美感。朱自清在《中国新文学研究纲要》中让《志摩的诗》占据了较大的篇幅，并对《志摩的诗》从整体上进行了总结：a“爱与死”；b“灰色的人生”；c“理想与失望”；d“自然与儿童”；e“同情”；f“怀古”；g“许多韵体上的尝试”——散文体、无韵体、骈句韵体、各种奇偶韵体、章韵体、变相的十四行体；h“土白诗”；i“想象，表现与音乐。”

云卷云舒，穿过时光的风雨，谁燃烧的激情，照亮了一生的春天？

徐志摩的每一首诗，都是他美好理想的抒发和吟唱。

他在《为要寻一个明星》的诗中，以明星、骑手、荒野、天空、黑暗、拐腿的瞎马为意象，抒发着寻找“明星”的情感。而诗人的“明星”就是他孜孜以求的美好理想，是他追寻的爱、自由和美。而黑绵绵的昏夜严丝密缝地遮盖着“明星”，于是，执着的骑手寻求着它的敞亮，这中间隔着的是黑茫茫的荒野，骑手的胯下却是匹拐腿的瞎马。那个向着黑夜，冲入荒野，无望在荒野，倒毙在荒野的骑手，经历了多么悲壮的结局！徐志摩的这首诗，仿佛是对自己的追寻理想的结局的一种预感，然而尽管这样，他还是要追寻下去，直到理想的实现。诗的情节，单纯洁净，构成了诗歌的悲剧结构。诗的结尾最为出色，像一幅震撼心灵的油画，又如基督受难一般，以无声的安详表达了殉难的壮美。悲凉中蕴涵着热切：

我骑着一匹拐腿的瞎马，
向着黑夜里加鞭；——
向着黑夜里加鞭，
我跨着一匹拐腿的瞎马！
我冲入这黑绵绵的昏夜，
为要寻一颗明星；——
为要寻一颗明星，
我冲入这黑茫茫的荒野。
累坏了，累坏了我胯下的牲口，
那明星还不出现；——
那明星还不出现，
累坏了，累坏了马鞍上的身手。
这回天上透出了水晶似的光明，
荒野里倒着一只牲口，
黑夜里躺着一具尸首。——
这回天上透出了水晶似的光明！

徐志摩算得上是现代诗中比较纯粹的抒情诗人，《为要寻一个明星》也是比较纯粹的抒情诗之一，在这首诗里，拐腿的瞎马、骑手、明星、荒野、天空、黑暗，这些意象的运用，让读者感到了词语与心灵之间的通透和融洽的应和，体会到灵魂悲凉而又美丽的挣扎。“明星”的终极所指，可以是理想、美、信仰或者爱情，甚至现代诗人的自况，等等。这种诗的抽象，已经从个别经验里飞腾、超越出来了。诗的凝聚和诗的创造，不似哲学把经验提炼为一句警语，而是将感觉和经验转化为意象的创造和结构的营建，具体、生动、澄明。诗人组织了一个线条明晰的情节，来作为诗的悲剧结构，那“天上透出的水晶似的光明”，是对明星寻求者静穆庄严的祭奠，也是徐志摩作为浪漫主义诗人的标志。可贵的是画面如此静穆，水晶似的光明只有天边的一抹，因而更显得神圣而又高贵！

再如《我有一个恋爱》：

我有一个恋爱——
我爱天上的明星，
我爱他们的晶莹，
人间没有这异样的神明。
在冷峭的暮冬的黄昏，
在寂寞的灰色的清晨。
在海上，在风雨后的山顶——

永远有一颗，万颗的明星！
山涧边小草花的知心，
高楼上小孩童的欢欣，
旅行人的灯亮与南针——
万万里外闪烁的精灵！
我有一个破碎的魂灵，
像一堆破碎的水晶，
散布在荒野的枯草里——

饱啜你一瞬瞬的殷勤。
人生的冰激与柔情，
我也曾尝味，我也曾容忍；
有时阶砌下蟋蟀的秋吟，

引起我心伤，逼迫我泪零。
我袒露我的坦白的胸襟，
献爱与一天的明星，
任凭人生是幻是真
地球在或是消派——
天空中永远有不昧的明星！

读完这首诗，我们不难看出，诗人徐志摩的理想是“明星”，爱人也是“明星”，他在梦幻着意志寻找的仍然是“明星”，可见他对理想信念的坚定不移。

难道，他在现实生活中的追寻，不是诗中所表达的情绪吗？是，也不是。现实生活中，爱情的挫折，理想的破碎，早已把他那颗充满浪漫梦幻的诗心，折磨得支离疲累，灵魂的无依对于诗人来说，是多么的痛苦！

虽然现实中屡屡受挫，但他仍追求不舍，要在灰色的天空里唱一支大胆的新歌。

这是徐志摩的人生理想之歌，是他执着的爱恋与坚定的信仰，这是一个多么轻盈、空灵而又宁静、神圣的意境世界。

回归自然

是谁闻到一种花香？

那是江南故乡湖水滋润的唐宋诗词的韵味，飘洒着坚韧和执着的追寻和向往。写不完的清澈和豪放激情，在那座弯弯的廊桥上，在芦苇花盛开的水岸边，聆听前世今生，在西湖春晓里，转身天涯。

往事已不再，诗人的歌吟，却在岁月里婆娑、流传。

有谁在羡慕那种幻灭之美？

毁灭后的归宿是大自然。这是徐志摩诗歌里，随处可见的领悟。

精神世界是没有疆域的。徐志摩的诗篇，大多是因执着的理想追求在现实社会里遭到扼制与摧残后，抒发的情绪、不满与反抗；他把理想寄托在一个幻想的世界里，虽然有幻灭的痛苦，但诗人在美好的幻境里，可以使他那颗受损的灵魂得到抚慰和憩息。

所以，诗歌是徐志摩破碎灵魂的栖息地。

在诗歌里，他否定和拒绝黑暗的现实世界，表达着向往理想世界的思想和激情。在《这是一个懦怯的世界》一诗中，他抒发与有夫之妇陆小曼相爱遭到反对、美好幻想受到重压下的痛苦。他咒诅这懦怯的世界，决定逃出牢笼，让自身恢复自由。

整首诗格调明朗激越，以一个浪漫主义者的激情，表达了对理想世界的美好向往和热烈追求。

徐志摩的诗歌除了表现出独特的诗情、诗意、诗趣，还体现出徐志摩诗歌结构的严谨整饬、形式的灵活多变以及鲜明的节奏感和旋律感、情感想象的节制与简洁、营造出的意境的完美、想象的奇美等艺术特色。生活不如意的徐志摩，也曾产生“辞别了人间，永远!”这样的念头，他在《去吧》这首诗中，就表达了对现实世界彻底绝望，对人间、青春和理想，对一切的一切的不再留恋的决绝态度，那是他对残酷的现实世界所发出的愤激而又无望的呐喊：

去吧，人间，去吧！
我独立在高山的峰上；
去吧，人间，去吧！
我面对着无极的穹苍。
去吧，青年，去吧！
与幽谷的香草同埋；
去吧，青年，去吧！
悲哀付与暮天的群鸦。
去吧，梦乡，去吧！
我把幻景的玉杯摔破；
去吧，梦乡，去吧！
我笑受山风与海涛之贺。
去吧，种种，去吧！
当前有插天的高峰；
去吧，一切，去吧！
当前有无穷的无穷！

整首诗歌，是诗人在现实的重压下消极感伤情绪的抒发，是诗人情感低谷时的创作，他多想在他的“理想主义”碰壁后，回归大自然，以求得精神的慰藉和超脱。

《志摩的诗》中有很多吟咏爱情的作品，他和陆小曼热恋时，他写了《雪花的快乐》这样轻松愉快、优美深情的希望之歌，以半空中飞扬的雪花为意象，怀着欢愉的心情托物寓情，眼前那轻盈的雪花美丽清幽地飞舞，表达了他对浪漫爱情的憧憬与追求。全诗充满了性灵以及敏感多情的元素，朦胧而美丽。

诗人和飞扬的雪花一起享受着自由、热爱的快乐，充满坚定、欢快和轻松自由的执着。

那是诗人徐志摩的追求，雪花一样的旋转、延宕。又何尝不是诗人优美灵魂的自由、坚定和执着在飞扬？

当诗人回归自然，在岁月静好的环境里，一虹小桥、一波清水、一朵小花、一位美丽的姑娘，都会让他激情满怀，在古香的诗词里，流连灿烂和娇美。

当年，他在日本写的诗歌《沙扬挪拉》，脍炙人口，让人听见了那散落在心上的雨丝，不觉得跟着诗人绵绵长长地沿着记忆的方向行走。一幅画一样看见诗人淋漓尽致的笔下日本女郎的风致，还有萍水相逢、执手相看的朦胧情意，美妙至极：

> 最是那一低头的温柔，
> 像一朵水莲花不胜凉风的娇羞，
> 道一声珍重，道一声珍重，
> 那一声珍重里有蜜甜的忧愁——
> 沙扬娜拉！

这是1924年5月，徐志摩陪泰戈尔访日期间写的长诗《沙扬娜拉十八首》，后收入1925年8月版《志摩的诗》，再版时删去前面的17个小节，仅留下题献为“赠日本女郎”的最后一个小节。

玲珑灵动的诗意，是最动人的姿态。

徐志摩在大自然的熏陶下，把生命和情感植入到审美对象之中，展示出了对旺盛的生命色彩的审美价值观。他在写这首诗的时候，无疑吸取了泰戈尔小诗的风格，虽在睿智和彻悟上不及之，却也充满了灵动和浪漫情怀，温柔妩媚多情中有着简单的美丽。

徐志摩的每一首诗歌，都饱藏着情感，令人如醉如痴，心为之潮动。如《她是睡着了》：

她是睡着了——
星光下一朵斜欹的白莲；
她入梦境了——
香炉里袅起一缕碧螺烟。
她是眠熟了——
润泉幽抑了喧响的琴弦；
她在梦乡了——
粉蝶儿，翠蝶儿，翻飞的欢恋。

简洁的白描，赤裸、热烈的感情，丰腴，饱满，给人以美感。

朱湘在《评徐君〈志摩的诗〉》中，说徐志摩是“新诗中最擅长于情诗的人”，这应该是最贴切的评价。

徐志摩在旅欧期间，吸取和借鉴了浪漫派诗人拜伦、雪莱等诗歌名家讴歌恋爱至上的情诗风格和艺术，然后和自己情爱生活的体验结合起来，笔下就有一首首情艳意浓的爱情诗，如同溪水一样潺潺流淌出来。这是徐志摩对中国新诗不可磨灭的贡献。

大自然给了徐志摩诗情画意，现实生活却黯淡无光，于是，他便试着在诗歌中探索一条富国强民之路。《留别日本》这首诗，表达的就是这一思想：

但这千余年的痿痹，千余年的懵懂：
更无从辨认——当初华族的优美，从容！
摧残这生命的艺术，是何处来的狂风？——
缅念那遍中原的白骨，我不能无恫！
……
我欲化一阵春风，一阵吹嘘生命的春风，
催促那寂寞的大木，惊破他深长的迷梦；
我要一把崛强的铁锹，铲除淤塞与臃肿，
开放那伟大的潜流，又一度在宇宙间汹涌。

理想在现实中碰壁，是诗人在哀怨中，创作了表现最为激烈的感情、最为激进的思想的诗篇。大地无语，只有徐志摩冷静的目光，在冷酷的现实中延伸。

于成泽在《评〈志摩的诗〉》中说：“《志摩的诗》中对于现实的世界，广漠地仿佛有十分不满意的态度。”

徐志摩在诗歌中表现出来的深厚的仁义和恻隐之心，是从一个诗人的角度，对那个时代的反思和总结。他是属于时代的，是时代之子。

他的诗歌，穿越时代，其精神在一个追寻永恒的维度永存！

冬天来了，春天还会远吗？

梦想的春天，总会孕育新的生命。

第十二卷 毕生行径都是诗

月圆月缺，总有一份残缺要守。

滚滚红尘，途经爱情，徐志摩经历了太多起伏跌宕，而他的岁月里，也装满了爱与恨、喜与悲、舍与得、荣与辱。

他的爱情像一枚果实，由青涩转为成熟、圆润、硕大，在最甜蜜的晨风中，经历了一场暴虐的风雪，让他坠入深渊；而他的诗歌，却在那场风雪里，梅花暗香，酝酿着春天的胚芽。

星光月夜，碧空如洗，吟诵徐志摩的情诗，阳光照彻心灵，微风吹拂杨柳，激越的血管里，流淌着生命的足音，如同一条温暖的河流，引领着灵魂奔跑向精神家园。

“谈话是诗，举动是诗，毕生行径都是诗。”

对于徐志摩而言，也许只有飞翔，会给他喜悦；也许只有云游，会让他的灵魂美轮美奂！

花城情诗

诗是徐志摩的魂，徐志摩的魂就是诗！

日子，是用心绪和情诗穿成的珠链，闪着晶亮的光芒，却数不出多情，数不出风雨霜雪的四季。

说旷世才子徐志摩是情诗王子也不为过，他的诗歌情深意长，绵绵不绝。

“不要因为寂寞而错爱，不要因为错爱而寂寞一生。”徐志摩的这句经典话语，如此清醒，而他却沉醉在错爱中，不能自拔。

1927 年 2 月，徐志摩的第二部诗集《翡冷翠的一夜》由新月书店出版。书中的作品，写于 1925 年至 1926 年之间。“翡冷翠”意为“花城”。这本诗集，是徐志摩献给新婚妻子陆小曼的，以此纪念他们结婚一周年。

花城情诗，这名字本身就是浪漫的，是“罗曼蒂克”的。

这部诗歌集，充满了相思、怀念和浓得阅不尽听不够的心结和幽清淡远的爱情与忧伤，那春花“诱”春心萌动、秋月

“惹”秋思缠绵的美好诗句，蕴含的唐风宋韵，如一缕流岚带着深梦回归，让读者心醉。

诗人如同踽踽而行的千古寂客，垂钓着爱情的缕缕银丝，在如醇的月色下，把月光斟满心怀，与你同醉。

这首《翡冷翠的一夜》是徐志摩1925年旅欧期间，写于意大利的翡冷翠山中。那个时候，徐志摩在异国他乡踟蹰于风雨弥漫的黄昏，朝着东方遥望，就像云后的星，遐想联翩。

他多想和爱人一起漫步在新月之下，把一个美丽的梦揽入怀中，想起花间林径，清风月影，伴着倩影绰约的情景，偶而吟颂出经典的《翡冷翠的一夜》。

情到深处，无怨无悔；为情所困，为情所死。徐志摩当然应该尽情地抒发浓烈而执着的爱情：

你真的走了，明天？那我，那我，……
你也不用管，迟早有那一天；
你愿意记着我，就记着我，
要不然趁早忘了这世界上
有我，省得想起时空着恼，
只当是一个梦，一个幻想；
只当是前天我们见的残红，
怯怜怜的在风前抖擞，一瓣，
两瓣，落地，叫人踩，变泥……
唉，叫人踩，变泥——变了泥倒干净，
这半死不活的才叫是受罪，
看着寒伧，累赘，叫人白眼——
天呀！你何苦来，你何苦来……

我可忘不了你，那一天你来，
就比如黑暗的前途见了光彩，
你是我的先生，我爱，我的恩人，
你教给我什么是生命，什么是爱，
你惊醒我的昏迷，偿还我的天真。
没有你我哪知道天是高，草是青？
你摸摸我的心，它这下跳得多快；
再摸我的脸，烧得多焦，亏这夜黑
看不见；爱，我气都喘不过来了，
别亲我了；我受不住这烈火似的活，
……
这阵子我的灵魂就像是火砖上的
熟铁，在爱的槌子下，砸，砸，火花
四散的飞洒……我晕了，抱着我，
……
头顶白树上的风声，沙沙的，
算是我的丧歌，这一阵清风，
橄榄林里吹来的，带着石榴花香，
就带了我的灵魂走，还有那萤火，
多情的殷勤的萤火，有他们照路，
……

你不能忘我，爱，除了在你的心里，
我再没有命；是，我听你的话，我等，
等铁树儿开花我也得耐心等；
爱，你永远是我头顶的一颗明星：

要是不幸死了，我就变一个萤火，
在这园里，挨着草根，暗沉沉的飞，
黄昏飞到半夜，半夜飞到天明，
只愿天空不生云，我望得见天
天上那颗不变的大星，那是你，
但愿你为我多放光明，隔着夜，
隔着天，通着恋爱的灵犀一点……

徐志摩在这首诗歌里，以叙事的方式，一唱三叠，写尽了思念，那肝肠寸断，黯然销魂，让曼妙的诗情，犹如滔滔大河，奔流向前，感人至深。那是诗人自己难以忘怀的烈火般的爱情体验，诉诸笔端，就像九曲十八弯的故乡青石板古街的小路，在悠远的气息中，看着翠英摇曳，抑或一笑回眸。

诗歌首先从女主人公的心理活动写起，表达了爱人即将远离时，女子的难过、嗔怒、责怪等情绪，衬托出了爱人在她生活中的重要以及她对爱人的挚爱和依恋；紧接着，诗人描写了刻骨铭心的离别痛苦，深刻地将生命的爱以及千情百结般的惆怅，化作温情的诗句去滋养灵魂。

诗歌作为心灵的呻吟和诉说，是苦难的碎片在灵魂中的闪光与呈现，是对苦难的承担和对伤口的关照。徐志摩在这首诗歌里，从对爱情的幸福体验跳跃到对死的无限向往上，描绘出了一幅非常优美的、令人陶醉的“死”的幻象。

难道，他对自己的命运有着不可逆转的预感？

人生，由天不由我；爱情，由心不由境。深爱，是一种秘密。

透视整首诗歌，徐志摩已经悟透了人生祸福相倚，他的忧惧日甚一日。

谁能替诗人找到春风得意的爱情？还诗人一个花开花谢的淡然？

心拆两半，把爱放进梦里。

徐志摩的爱，炽热、丰盛、浓烈，如同一曲千古绝唱。

如果时空不老，徐志摩就在云的深处！

这首诗里，诗人认为这种活着或死去的矛盾痛苦，只有爱才能抚平。她可以舍弃现实世界、天堂或地狱，但却不能没有爱，那种人间至真至美的爱情，是多么的美好！爱人就是她的上帝。爱，是她生活的一切；爱，是她人生的信仰。因此，即使她不幸死了，她就要变为萤火，只因有她的爱人那颗不变的明星在天上。

深刻的笔触，表达了诗人对爱、自由和美的追求，那是多么的精彩。

徐志摩的这首诗是以女性角度来寄情主人公的，他将她置于错综复杂的情感思绪和爱怨交织的心理矛盾之中，其对爱的执着和信仰，又何尝不是诗人自己的心境、希望和梦想？

当时，徐志摩正身处异国他乡，孤寂、思念、痛苦以及追求和理想等元素，构成了这首诗独特的意蕴和风格。

当然，徐志摩的这首诗歌艺术起点本身就很高，笔触细腻，叙事抒情，铺叙复杂的情感思绪，淋漓尽致地再现了其自由流动的心理活动：又以细致的细节描绘抒情主人公的思绪感触。这首诗通篇为平白的、口语式的语言，层层叠进情感，从依恋、哀怨、自怜、感激、温柔、幸福、痛苦、无奈的情绪，到挚爱、执着、婉转、流连的情韵，真实而感人地表达了女子在同爱人别离前夕的种种心境。

徐志摩在写这首诗的时候，是否已经看到了，一片霞光已经染红了江南故乡那一池荷莲，朦胧的意境化成淡淡的雾霭，他笔下的重量，起伏着他追寻之路的坎坷？

《翡冷翠的一夜》应该是徐志摩情诗的代表作，吟诵那琳琅的诗句，如同倾听一个敞开心灵的朋友向你倾诉，那种没有遮掩的坦诚让人感动。诗作中，他在抚慰自己的苦痛灵魂的同时，也在安慰着读者的心灵，坚强地面对惨淡人生似乎是他诗歌中永恒的爱的主题。爱的伤痛点燃了他的血液，他呈现出异乎寻常的激动，瞳仁里迸发出鲜见的火花，那颗赤子之心搏动的音律，于伤痛中纵横驰骋，从爱的幸福到死的感悟中解读着人生真谛。

花城情诗，是徐志摩在追求爱、自由和美的理想中，拥有的一个美丽的梦。他一手写诗，一手捂住心灵的疼痛，真挚的吟诵化成一缕缕阳光，流进爱人那嫩绿的笑容里，愈合四季的伤口。

也许，隔着薄薄的影子和拥挤的记忆，他心灵的梦，会被残酷的现实击碎，可又怎么才能阻止他前行的脚步？

他飞翔的翅膀也许会藏在树叶里，那是栖息，不是就此停止。

燃烧激情

燃烧激情，应该是诗人的特质。试想，一个平静的灵魂怎么会写出激情四溢的诗歌？

夜色朦胧，新月明亮。

徐志摩在睡梦中醒着。

徐志摩的个人感情一直在燃烧，生命的触角盛开灿烂的花朵，那烈焰快要把他烧化了。他深深的爱，浓缩在他的第二部诗集《翡冷翠的一夜》每一句诗歌里，从一朵花开中撑开苛刻不平的人生之路。在诗集《翡冷翠的一夜》中，种种爱情的体验都被他的笔触婉转细致地呈现出来。《翡冷翠的一夜》《呻吟语》《我来扬子江边买一把莲蓬》《天神似的英雄》《最后的那一天》《苏苏》《再休怪我脸沉》《望月》《两地相思》等诗歌，都带着他的真情实意呼啸而来，他的情意绵绵、他的浓烈和痴诚，他的令人难以排遣的忧伤，犹如一个花的世界，渐次盛开，心中的幻影叠映呈现。

翻开这部诗歌集，仿佛看见了诗人的魂魄，在故乡江南的湖面上飘摇着零零絮絮的心音，清新的荷香已远走天涯，只有那永恒的诗句，还像画中的立荷，鲜艳着古典的延续。

那是诗人命运必然的写照！

如：《呻吟语》中有这样的诗句，表达了徐志摩抒发对爱情的向往和拥抱爱情的甜蜜的情怀：

我亦愿意赞美这神奇的宇宙，
我亦愿意忘却了人间有忧愁，
像一只没挂累的梅花雀，
清朝上歌唱，黄昏时跳跃；——
假如她清风似的常在我的左右！
我亦想望我的诗句清水似的流，
我亦想望我的心池鱼似的悠悠；
但如今膏火是我的心，
再休问我闲暇的诗情？——

上帝！你一天不还她生命与自由！

诗人渴望爱情，却被生活所累，那种无奈在诗句里徜徉，就像鱼儿在水里悠然跳跃，读后，不觉凄然。

再如《最后的那一天》中徐志摩写道：

在春风不再回来的那一年，
在枯枝不再青条的那一天，
那时间天空再没有光照，
只黑蒙蒙的妖氛弥漫着，
太阳，月亮，星光死去了的空间；
在一切标准推翻的那一天，
在一切价值重估的那时间：
暴露在最后审判的威灵中，
赤裸裸的灵魂们匍匐在主的跟前；——
我爱，那时间你我再不必张皇，
更不须声诉，辨冤，再不必隐藏，——
你我的心，像一朵雪白的并蒂莲，
在爱的青梗上秀挺，欢欣，鲜妍，——
在主的跟前，爱是唯一的荣光。

“爱是唯一的荣光”，这一命题，是诗人徐志摩在深深的思索后，大声唱出的永恒！

在上个世纪20年代，这是多么大胆的倾诉和呼唤！

徐志摩不愧是追寻理想的勇敢的先驱者，他守候在一座新式的小房子里，点亮了一盏不灭的灯；他就像一道光的箭镞，给了后人光亮、梦幻、畅想以及他追寻永恒爱情的故事。

爱是永恒的追求，在所有的生活中，唯有爱情是最后的寄托。

再如《偶然》：

> 我是天空里的一片云，
> 偶尔投影在你的波心——
> 你不必讶异，
> 更无须欢喜——
> 在转瞬间消灭了踪影。
> 你我相逢在黑夜的海上，
> 你有你的，我有我的，方向；
> 你记得也好，
> 最好你忘掉，
> 在这交会时互放的光亮！

《在〈翡冷翠的一夜〉》这部诗歌集里，徐志摩玲珑剔透的短诗，历经历史的沧桑，独放异彩。而《偶然》这首诗歌更是其中的杰作。《偶然》是一首短诗，一共两段十行，却别具一格，读起来朗朗上口，那绵情蜜意，蕴涵在深刻清新的诗句里。

徐志摩在短暂的一生中，曾有无数次的偶然，然而他却对唯一的一次爱的经历情有独钟，写下了这首清丽、剔透、痴情的诗歌《偶然》，那是他表达对理想的追求，苦苦地探求“爱、美和自由”的火焰；当年，他独自在英国留学，偶遇林徽因，被她美丽的容颜、真挚的情怀、睿智的才思、飞扬的文字所俘获，那是他心中无与伦比的女神。林徽因回国后，徐志摩在思念、爱恋、失望和希望中辗转难眠。

多少个有着皎洁月光的夜晚，他在思念中伤感，冷冷的溪流让他寂寞，柔长的柳丝让他悸动。

多少次微风浮动的夏夜，强烈的无从宣泄的种种意念与激情使他燃烧，那思绪飘逸如云似风，如烟似雨般清冷的诗行铺满稿纸，一首经典永不褪色的诗篇《偶然》诞生了！

至于《偶然》是不是写给林徽因的，并不重要。重要的是，诗人以一种放纵和任意的“心灵姿态”，表达了心灵感觉和情义，永恒了燃烧的激情，永恒了爱情。

《偶然》这首诗的题目本身，就渗透出了徐志摩的审美方式，爱情的来临往往是偶然的，比如：人们常常说邂逅、偶遇和不期而遇，等等。

美，本身就是有意味的形式。它是徐志摩作为新诗的引领者，在心灵和知性上的探寻。从表现到述说，带着神往的飘逸。

“我是天空的一片云”，这是诗歌的第一句，诗人的感觉和情绪喷发了，高洁不俗的天性，云一样飘忽动荡的心绪，在这里，表达得淋漓尽致。

徐志摩不愧是“谈话是诗，举动是诗，毕生行径都是诗”的一代诗人，出手不凡，我的这片云是为下文“偶尔投影在你的波心”的抒情作铺垫的，告诉读者自己的直觉形象对他人的影响。诗人给大家描述了一幅美丽的画面：天上漂浮着美丽的白云，地上的知己受到强烈的心灵震撼和热切的情感依托，因此心波荡漾，激动不已。“偶尔”“波心”等诗家语言，精妙地表达了与爱人的不期而遇，心理的波动、振荡和兴奋；紧接着，诗人笔锋一转：“你不必讶异/更无须欢喜——”因为云是会随风而去的，也许这种相遇“转瞬间消失了踪影”并不永久，这种美并不永恒，所以也就不必太倾注自己的情感。诗人似乎在告诉我们：任何美的事物都是相对于特定时间、特定环境而言，都要受客观因素制约。永恒的美是不存在的，我们要加倍珍惜“偶尔”的美，方能把片刻的体验化为终古的记忆。

那么，这种偶然的背景是怎样的呢？——“你我相逢在黑夜的海上”。在诗歌第二节的开头，诗人设置了相逢在“黑夜的海上”这样一个特殊背景，独自夜航在颠簸的夜海上，寂寞而悲凉。“你”突然出现了，相逢、相知、辉映“交会时互放的光亮”，驱散沉沉的寂寞，点亮浓重的夜幕。然而，却注定不能停留，擦肩而过，“你有你的/我有我的/方向”，这是多么难以忘怀的相逢！这种偶然相遇，虽然不能殊途同归，却获得了感情的寄托。这是诗人徐志摩历经了寂寞的折磨后，真实心态的袒露，对爱情的渴望，对有缘无份的无可奈何的感慨，感情的缺失造成的内心的痛苦，火山般爆发，是他心灵轨迹的呈现。“你记得也好，最好你忘掉”，语气上以退为进，似轻实重，正好表达了诗人对偶然邂逅的一段美好时光魂牵梦绕，自然也希望对方铭记心怀，长存脑海。

徐志摩的学生著名诗人卞之琳在编《徐志摩诗集》时说他的《偶然》小诗：“这首诗在作者诗中是在形式上最完美的一首。”其感情负荷之重，诗意蕴籍之深，令人难以忘怀。

《偶然》作为一首新诗，把两个偶遇的人，在“云影”与“波心”之间交融，铺陈得奇特而浪漫。那是诗人徐志摩血的流注、体温和肌肤的气息，心灵律动的精神提纯、陶冶和熔炼。是他苦苦追求的浪漫之爱的真实写照。

“我是天空的一片云”。徐志摩本身就是一片乘长风而去的云，那美丽的“投影”与余韵将永远留在我们的“波心”中。

在艺术上，徐志摩在这首诗歌里，追求朗朗上口，使其余味无穷，意溢于言外。《偶然》后来成为了徐志摩和陆小曼合写的剧本《卞昆冈》第五幕里老瞎子的唱词。它经谱曲后，更是在社会上广为流传，经久不衰。

永恒探索

背负沉重的岁月，负荷着长夜的孤独。

除了跋涉还是跋涉，探索是徐志摩的本性。

他生命的灵野，在喧嚣的红尘中，根植于江南故乡的沃土，带着云一样神往的飘逸，翱翔在诗意的天空，那一首首鲜明的、智性的、洞悟的、闪着珐琅光辉的瓷器般的“意象”的诗词，透着他深厚的生活积淀。

他的追索是深切动人的，他的诗句颇有穿透力，具有披坚执锐的创造力。

艾略特说：“诗比任何别的艺术都更顽固地具有民族性。”

徐志摩是新诗的引领者，他在漫长的新诗艺术探索中，用汉字砌筑灵魂居所的同时，对新诗的技艺进行了有益的探索，形成了自己独特的诗歌审美和艺术观。

闻一多对徐志摩的第二部诗集《翡冷翠的一夜》，曾给予热情的肯定：“这比《志摩的诗》确乎是进步了——一个绝大的进步。”的确，这部诗集中的诗歌比第一部要成熟得多，有更多变化。更重要的是，徐志摩在诗歌艺术上取得了很大的进步。当徐志摩走进中国新诗领域，就一直和闻一多等诗人探索和倡导新格律诗，尝试并实践着闻一多提出的音乐美、绘画美、建筑美的“三美”主张。陈梦家在《纪念徐志摩》一文中，也认为：“《偶然》以及《丁当—清新》等几首诗，划开了他前后两期的鸿沟，他抹去了以前的火气，用整齐柔丽清爽的诗句，来写那微妙的灵魂的秘密。”

暮霭渐渐下沉，朗朗的吟诵伴着新月袅袅升起，徐志摩挥一挥衣袖，乘长风而去，是否驮着月亮、星光和风？

那是一定的。

徐志摩的一生，早已遗落在辽阔的诗情画意里了，怎么可以没有月亮和星光？

他的功力与独具匠心，表现在对新诗格律的探索上，他在诗歌的长短句、诗形和韵式上的努力，是应该得到肯定的。他的诗歌在上下节上，格律对称，如《偶然》，两节共十行，每一节的第一、二、五句都是由三个音节组成的。如：“偶尔/投影在/你的波心”“在/这交会时/互放的光亮”。每节的第三、四句则都是由两音节构成，如：“你/不必讶异”“你记得也好/最好你忘掉”。在音节的安排和处理上，严谨而洒脱，较长的音节与较短的音节相辅相成，读起来纡徐从容、委婉顿挫而琅琅上口。

如在《海韵》一诗中，徐志摩探索了诗歌的音乐美，那一唱三叠的诗句，层层递进着诗人的情感，由强到弱，由弱到强，高低迂回，形成了诗歌的旋律，达到了诗人的思想感情和客观事物契合所形成的一种笼罩着形神兼备的艺术境界的氛围。

艺术是生命的节奏，正如脉搏是宇宙的生命一样。

自由诗既不押韵，每节也没有固定的行数，每行也没有固定的字数，其节奏并不能有既定的外在约束，自由诗所追求的，是诗的内在的韵律和节奏。徐志摩的《海韵》的内在韵律和节奏主要是诗的情绪的强弱起伏、高低迂回，既有情绪的主调的约束，又有主调约束之下的起伏和变异。

《海韵》共五个小节，其内在的音节，有同样的反复，造成了强烈的韵律美、音乐美；其语言优美浪漫，意象丰富却单纯；

节奏起伏迂回。全诗叙事呈线性展开：一个单身女郎在海边徘徊、歌唱、起舞，最终被卷入海沫而消失在为海潮吞没的沙滩。细细品味，不难发现，诗人描述的不是因失恋而投海自尽的故事，而是具有鲜明的象征意味的一首经典诗歌，诗人以女郎和大海作为艺术表现的方式，描写了女郎坚定不移与大海搏击的精神和信念；大海赋予女郎无穷的力量和一颗勇敢的心。传达了其以浪漫主义的手法，表达神往自由的寓意，这是徐志摩这首诗歌艺术表现的最终目的；是发生在“五四”之后渴望自由和个性解放的一代人身上的命运象征。悲剧的余音，暗含新生的希望。

《海韵》收入《翡冷翠的一夜》之后不久，便引起赵元任的特别关注，他用10天的时间为其谱曲，中国现代最早的一首有影响的多段联缀的合唱作品从此诞生。整个作品用合唱、领唱和钢琴的回旋变奏。一曲终了，听者依旧沉浸在强烈的共鸣和审美的遐思之中，具有很强的艺术感染力，堪称中国现代合唱音乐的经典之作。

徐志摩把诗中情绪主调笼罩下的起伏迂回和意象紧密结合在一起，诗歌的旋律和节奏存在于诗的整体结构之中，达成了融合思想与情感的艺术境界。是情感的浓烈程度和意象的交织的产物，它经赵元任谱曲后，已经广为传唱了。

抒情性、戏剧性、情节性、塑造性是徐志摩的诗歌《海韵》的特点，其作品的经典之处在于包含着日月精华，浸满了清泉和月光，绽放着无比灿烂的光华。

徐志摩真挚而有冲击力的诗歌，不仅仅限于爱情之语，他在现实生活中写了大量反映某些社会问题的诗歌，如同新绿萌生，生生不息。诗人把自己的情感和笔墨倾注在小人物身上，他写士兵的悲惨命运，写大帅的暴行，写石工的遭遇，写船夫的生活，这些都在他的描述中得到深刻的揭示，在其文字的背后，我们看到了诗人心灵的纯净与正直，以及鲜明的爱憎，真与善在诗歌审美中渗透得淋漓尽致。

如《大帅》一诗中，诗人针对军阀对前线战士“随死随埋，间有未死者，即被活埋”一事，怒斥了大帅的暴行；再如：《庐山石工歌》有《伏尔加船夫曲》的影响，唱出的是劳动人民粗犷雄浑的声音；还有《这年头活着不易》，诗人仿佛在写花，又似写爱情，又像抒发人生的感慨：

昨天我冒着大雨到烟霞岭下访桂；
南高峰在烟霞中不见，
在一家松茅铺的屋檐前
我停步，问一个村姑今年
翁家山的桂花有没有去年开的媚，
那村姑先对着我身上细细的端详；
活像只羽毛浸瘪了的鸟，
我心想，她定觉得蹊跷，
在这大雨天单身走远道，
倒来没来头的问桂花今年香不香。
“客人，你运气不好，来得太迟又太早；
这里就是有名的满家弄，
往年这时候到处香得凶，
这几天连绵的雨，外加风，
弄得这稀糟，今年的早桂就算完了。”
果然这桂子林也不能给我点子欢喜；

枝上只见焦萎的细蕊，
看着凄凄，唉，无妄的灾！
为什么这到处是憔悴？
这年头活着不易！这年头活着不易！
一种声音远远地传来，轻柔，幽怨。

谁的吟诵掷地有声，道出了小人物活着不容易的境地？每字每句都在岩石上溅起火花，那光亮让人震撼。

诗歌最动人之处，就是真情实感的流露，那种润物细无声的默默浸润，以及心灵细微处的波折，反映了诗人“技巧是对真诚的考验”的徐志摩关注小人物的命运，对现实的揭示有了现实的意义，读来让人震撼和深思。

徐志摩一生出版了四部诗歌集，他最后的两部诗集《猛虎集》《云游》，收录了他1927年到1931年的作品。《猛虎集》是徐志摩自编的，1931年由新月书店出版，书名意为“重新开始”。《云游》则是应邵洵美的约请，由徐志摩的学生陈梦家编写，1932年新月书店出版。

茅盾在《徐志摩论》中，评价了他的诗歌：“《猛虎集》是志摩的‘中坚作品’，是技巧上最成熟的作品；圆熟的外形，配着淡到几乎没有的内容，而且这淡极了的内容也不外乎感伤的情绪，——轻烟似的微衰，神秘的象征的依恋感喟追求；而志摩是中国文坛上杰出的代表者，志摩以后的继起者未见有能并驾齐驱……”

徐志摩从烟波浩渺的西湖飞翔于广阔的世界，驾长风，披急雨，从生命的激流奔向生活的海洋，由青春的激情驰向艺术的辉煌。

江南湖泊的波澜，擦亮了他的笔；欧洲的风霜雨雪，启迪了他的智慧；天上彩虹，映红了他的脸庞；四大洋的惊涛和浪花，开满了他的诗苑。他潇洒空灵的个性和不受羁绊的才华，热烈追求爱、自由、美，追求人与自然的和谐，使他的《猛虎集》从技巧到形式都更加成熟。

康桥是徐志摩的心灵故乡。康河的水，开启了他的性灵，唤醒了久蜇在他心中的诗人的灵感。1928 年，诗人故地重游。11 月，在归国途中，他吟成了《再别康桥》这首传世之作。这首诗最初刊登在 1928 年 12 月《新月》月刊上，后收入《猛虎集》。

“康桥情结”是中国新诗绽放的新奇的花朵，连接和贯穿徐志摩一生诗文的情绪和风采。诗人把自己作为学子就要离别母校时的万千离愁，在形象而逼真的诗句中呈现出来。“轻轻的我走了，正如我轻轻的来”，那富有音乐美的诗句，一下子就摄住了读者的心，好似看见诗人踮着足尖，像一股清风来了，又悄无声息地飘去；而那至深至美的情丝，竟在招手之间，幻成了云彩。诗人在康河里泛舟寻梦，披着夕照的金柳，青荇和水潭，一一映入眼底。金柳如夕阳中的新娘，温润可人。潭水似天上虹，被浮藻揉碎后，竟变成了梦。诗人于是意乱情迷，想象纷飞。想到了梦，于是寻梦，最终却沉默无言。最后以三个“悄悄的”回环对应开头三个“轻轻的”，潇洒地来，又潇洒地走。挥一挥衣袖，抖落些什么？真的美不胜收！

全诗一气呵成，荡气回肠，是对徐志摩“诗化人生”的最好的描述。

《再别康桥》全诗共七节，每节四行，每行两顿或三顿，不拘一格而又法度谨严。韵式上严守二、四押韵，抑扬顿挫，朗朗上口。这优美的节奏，像石投心湖，涟漪般荡漾开来，既是寻梦的跫音，又契合着感情的潮起潮落，有一种独特的审美快感。七节诗错落有致地排列，韵律在其中徐行缓步地铺展，飞动而飘逸。

《云游》是新月诗人陈梦家编辑的徐志摩的最后一部诗歌集，他在《纪念志摩》一文中谈到："洵美要我就便收集他没有入集的诗，我聚了他的《爱的灵感》和几首新的旧的创作，合订一本诗——《云游》。想起来使我惶恐，这曾经由我私拟的两个字——云游——，竟然作了他命运的启示。"

徐志摩写于1931年的《云游》：

那天你翩翩的在空际云游，
自在，轻盈，你本不想停留
在天的那方或地的那角，
你的愉快是无拦阻的逍遥，
你更不经意在卑微的地面，
有一流涧水，虽则你的明艳，
在过路时点染了他的空灵，
使他惊醒，将你的倩影抱紧。
他抱紧的是绵密的忧愁，
因为美不能在风光中静止；
他要，你已飞渡万重的山头，
去更阔大的湖海投射影子！
他在为你消瘦，那一流涧水，
在无能的盼望，盼望你飞回！

徐志摩云游一样的生命状态，如同陷入岁月深处的暗影，让诗人无数次地想起飞翔。

或许，不论是谁，最终都将逃不过归于尘土的命运。

那么，就飞翔吧，就云游吧！像海鸥在盛开的浪花丛中，振翅高飞，舒展出一种生命的律动和欢悦，抒发叱咤风云的英雄气概。

也许，这就是诗人徐志摩的宿命！

诗歌集《云游》是徐志摩复杂的感情体验，爱的不圆满和悲伤。自在逍遥的“你”在天空中云游。让诗人心生钦慕向往之情。云游中的“你”不经意间就点燃了“他”，“他”将“你”的倩影抱紧。绵密的忧愁涌上“他”的心头，“他”为你消瘦，还在无能地盼望云游中的“你”飞回。涧水在呼唤着云游，它们是两种不同的生存形态。涧水万般忧愁又渴望得到新生与慰藉，焦灼地等待着。《云游》中诗人以“一流涧水”为自我写照而渴望漂荡的云游给自己萎靡虚弱的心灵涂抹些许光亮的色彩。整首诗体现出了徐志摩诗歌温柔婉转的风格。

徐志摩的诗一直坚持抒情的风格，婉约灵动。从《沙扬娜拉》《再别康桥》到《云游》，以优美的想象、空灵洒脱的意境，以及对人生的理解与对生命的把握中透出的希望与信仰，代表了徐志摩的才性和诗情；就像一朵花又一朵花的盛开，重重叠叠，她们不同的姿态和美丽，别具风韵。

每一片云都写满了徐志摩的诗句，那诗句是珍宝，也是雨滴，雨滴是云做的，《云游》就是他所有诗歌中的一颗璀璨的明珠。

你何时来临？那片云罩住了我的心灵。

“毕生行径都是诗”，徐志摩静静地抬起头，看向远方。

第十三卷

我是天空一片云

阳光如炽，月光如水，时光匆匆走过。

一代诗人徐志摩以他的人格魅力、他的诗文吟唱、他的美好的理想追求、雄踞于民国四大才子之首，在中国诗坛上永恒！

他千情百结的新月情结，写满了怀念、相思、追寻的符号，浓得让人阅不尽、听不够的心结，吟唱和幽清淡远的伤感，那里有喜悦，有义无反顾，有追寻的痛苦，也有等待的焦虑、分离的无奈。

他的一生，新月注定是主角，那是他心灵的出发点，是最纯真的找寻和探索。

新月是远方的盛景，爱情是美丽葱茏的鲜花，是他永远吟诵和追寻的主题。

新月亮在心里、照在身上，其文其人，就娇艳馨香。

雄踞诗坛

也许，诗神缪斯格外的青睐徐志摩，给他一颗完美的诗心，一种诗意情怀，一个新月般坚毅追寻理想的信心，又让他拥有一个美丽的梦想。

于是，徐志摩就有了一段诗意盎然的葱茏时光，毅然抛去经济学家的桂冠，走进诗歌文苑，那汹涌澎湃的状态，汇成了向爱而生的生命，一派疏朗优雅，即使离去，仍然倩影绰约。

多年后的新月下，早已伫立着一位风流倜傥的年轻诗人，他飞扬的诗情画意，让他像轻盈的火种，爆开朵朵灿烂的火花，照亮了中国诗坛。

上个世纪二十年代初的中国文坛，活跃着鲁迅、郭沫若、周作人、冰心等人，文学团体则有“创造社”和“文学研究会”等。1923 年，徐志摩从英国留学归来，就在《晨报副刊》《学灯》《小说月报》发表他的《再会吧康桥》《哀曼殊斐尔》等诗歌，出手不凡的诗文，立即引起文学界的注目。他就像一叶绿得正浓的荷叶，把一腔辽阔、苍茫而深邃的诗意情怀，吟诵得风生水起。

淡淡的水天，无限久远。

徐志摩初露中国文坛，就一任手中那支千秋之笔，书写万物之态，仿佛所有的期待和梦想都像黑暗深处饱含深情的眼睛，不知倦怠，不舍昼夜的凝望和关注。那种华丽的词藻、奢侈的想象、雄奇的气势、曼妙的情调，引来文学界惊异的目光。

梁启超等人对他特别赏识，大加鼓励；视白话文学如洪水猛兽的章士钊，居然称他为“慧业文人”；死守传统的学衡派巨子吴宓对他也颇有好感。

徐志摩刚露头角便征服了文坛。

苏雪林说：“徐志摩在文学界成名之迅速，不亚胡适之于学术界……徐志摩曾一手奠定了新诗坛的基幢。”

雄踞诗坛，徐志摩朝气蓬勃，放飞梦想，如同一股清新的气息，荡涤着中国诗坛的陈腐空气，推动了新诗的迅速发展。圆了每一个梦，欣慰了每一颗心。

一代新诗诗人，踏着绰约的脚步，从古朴的历史光影里走来，从五千年历史文化中走来，拂去历史烟云，承载几代人的期望，去实践民族文化复兴的大业。

徐志摩对新诗的贡献，功不可没，无人能比。说他雄踞诗坛，一点都不夸张。

徐志摩对新诗的贡献之一，是形式多样，讲求韵律。他在诗歌实践中，探索了诗歌的三美，即：音乐美，绘画美和建筑美。

试观中国文化运动后的诗歌，从胡适到郭沫若，新诗都没有一定的格式，说起来这并不成功。而徐志摩却把声律作为诗歌的重要元素，着重探索研究了新诗韵律。后来，成就了新月派诗歌赖以依存的三美，即：音乐美，绘画美和建筑美，在诗歌史上留下了浓墨重彩的一笔，开了新诗先河。他早期的诗歌调子清新、情绪高扬，那“青春的呼唤，燃点着希望灿灿”（徐志摩：《春》）。于赓虞回忆说：“《诗刊》发行前，他们共聚在闻一多寓所讨论，共同的意见是在使诗的内容及形式，表现出美的力量，成为一种完美的艺术。《诗刊》发行后，每周都要在徐志摩家开一次读诗会。会中讨论最多的是诗的形式及音韵。而到《新月》诗刊发行后，诗的格律愈加严谨。”

胡适说：“新诗已上了轨道。”

徐志摩和新月派的诗人们多方探求新诗的形式，有自由体，新格律体，也有西洋诗体，甚至还有无标点诗，但讲求音韵、节奏，格式的匀称和整齐，要求“声调流利好听，形式轻盈柔美”。

徐志摩有一首诗《阔的海》写的别具一格：

阔的海空的天我不需要
我也不想放一只巨大的纸鹞
上天去捉弄四面八方的风；
我只要一分钟
我只要一点光
我只要一条缝，
像一个小孩爬伏
在一间暗屋的窗前
望着西天边不死的一条
缝，一点
光，一分
钟。

大家都知道，在徐志摩诗文里想飞、飞翔、云游等意念，总是被他忘情的笔触书写的淋漓尽致，在这首诗里，他潇洒空灵的笔墨，何致于决然宣称："阔的海空的天我不需要。"诗歌一开篇就石破惊天地来了个"我不要"的宣称，应该是一种夸大的陈述。这里，诗人在语言技巧上使用了"反讽"的手法，在整个诗篇总体结构安排上，也同样成功地使用了"反讽性"的"张力结构"。标题"阔的海"与最后所追求的结局，构成了"反讽性"的强烈对比效果。诗歌句子的展开和排列，从"阔的海空的天"开始，最后可怜巴巴地被挤兑成"一条缝"似的狭窄和短暂的时间。不难看出，诗人有意识地在句子排列上注重视觉效果的强调，整篇诗歌呈现出"倒三角形"的形状，一并体现了诗歌的建筑美。

这首诗妙就妙在"反讽"的手法上，独具匠心地寓诗歌以深刻的含意，足以让读者想见追求光明与"阔的海空的天"之艰难，又充分揭示出此种追求对于人之必然而然的"天性"性质。

诗歌的形式和手法从来都是分不开的，徐志摩的探索恰恰开了新诗的先河，他对新诗的贡献首屈一指。

也许，梦想的开花结果，就在于坚韧和努力，正是徐志摩追求的诗歌韵律使得新月派诗歌的三美被称为"唯美派"。

苏雪林就说："他人是用两只脚走路，他却是长着翅膀飞的。"

这句话一点也不夸张，徐志摩时时感到自己丰盈而浓烈的思绪，在身体里起伏动荡，诗情泉水一样汩汩流出，甚至像瀑布一样喷发。他几乎每天都在尝试一种诗的创作格式，他的诗变化极多并且迅速。《志摩的诗》出版后，陈西滢为他做了诗歌形式的统计：散文诗、自由诗、无韵体诗、骈句韵体和章韵体。

刘勰《文心雕龙》就有情采篇，并说“综述性灵，敷写器象”，更少不得“彪炳缛采”。徐志摩的诗歌，正是这样的“彪炳缛采”，他的语言极其优美，辞藻也丰富。让读者在一种语感中，体味诗意的丰腴和深刻，体味一代新诗诗人对词、语句、音调以及语言节奏的整体把握和提纯，跟着他宁静、欢乐、哀伤或者骚动不安，从一种情绪向另一种情绪微妙的转换。

20 世纪初，中国新文化运动后，白话诗的兴起掀起了文化的高潮，诗人们都在极力摆脱旧诗词的格调和旧辞藻。胡适曾说：“真正好诗在于‘白描’。”于是“渲染”的工夫就不敢怎么讲究了。徐志摩却认为诗是一种美文，美就不仅仅是‘白描’所能传达出的，他根据西方诗歌理论认为诗不过是“颜色”和“声音”组成的，他对新诗进行了深入的系统探求和研究，他的诗歌让当时的诗坛绚丽起来，辞藻富丽，创造了自己独特的诗歌手法，那是他的心灵炼制过的一种东西，就像脉搏是血的潮动一样，抓住了一种民族独特的声调，写出了新诗的特色。

陈西滢说：“他的文字，是把中国文字西洋文字融化在一个洪炉里，炼成一种特殊而又曲折如意的工具。它有时也许生硬，有时也许不自然，可是没有时候不流畅，没有时候不达意，没有时候不表示是徐志摩独有的文字。再加上很丰富的意象，与他的华丽的字句极相称，免了这种文字最易发生的华而不实的大毛病。”

当然，徐志摩对新诗的语言的探索，是经过了初期的阶段和完善的过程的，陈西滢对他的初期诗歌就曾批评道：“他的毛病是太没有约束。在文字方面，有时不免堆砌得太过，甚至叫读者感到烦腻。”说真的，徐志摩的早期诗歌，确颇以繁芜为累。也许是他对诗质的把握还有些蹒跚不稳，语言的运用也有力不从心或者用力过猛之处。但是，随着时间的推移，他日臻成熟。

徐志摩的新诗，从“浓得化不开”到“然若名章迥句，处处间起，丽典新声，络绎奔赴，譬如青松之拔灌木，白玉之映尘沙，未足贬其高洁也。”这之间少不了诗人深切动人的追索和努力，从他的那些颇有穿透力的诗句，足以看出徐志摩披坚执锐的勇气。这种努力是值得称道的。

在当时的中国诗坛，徐志摩被冠上“唯美派”“新文学中的六朝体”的名号就不奇怪了。

徐志摩对新诗贡献之三，是其诗歌辽远而深厚，每一首诗，都像一幅气象雄浑的图画，哲思深邃，情思绵邈，无不折射着他深厚的文化之底蕴和追寻理想的气势的辉光。

世间万物，有了山石而坚韧，有了柔水而灵动。徐志摩的诗歌以及他对新诗的探索，正是山石和柔水的有机结合而闪射的理性之光，豪迈、辽远、深阔。

诗发乎于情，才能感人之情与撼人心魄。

徐志摩的诗，因景生情，情景交融，沉郁苍凉，却又因情感与景物的融合，显得豪迈阔大、高远，诗情浓郁，含义深刻。不仅辞藻富丽，气势也充足，充满了生命的活力，洋溢着青春的风采，几乎每一首诗都是上乘的作品，使人回味无穷。他的散文诗如《毒药》《婴儿》《白旗》《天宁寺闻礼忏声》等作品，同样是大气磅礴之作，那淋漓尽致，那刻画得入木三分，袒露了他的文学功底，壮阔着他的心灵蕴含。

韩愈说：“气盛则言之短长，与声之高下皆宜”。徐志摩在短暂的生命里，纵情歌吟，就像时雨甘露，点点滴滴，每一首诗歌中，就像一个音符，亮着造化的眼神，温暖读者的心。

徐志摩对新诗贡献之四，是把韵律和节奏当成诗歌的生命，去研究和实践。他受西方诗人的影响，是中国最早懂得“诗歌是一种从韵律上组织起来的语言”的新诗诗人。他对语言的感觉特别的敏锐。写诗的时候，也就特别的注意从诗歌语言中抽象出节奏和韵律，并当做新诗首要的任务，把握词、语句、音调和节奏，有效地进入诗的节奏，每一首的音节的变化，极其的严格，就像在海浪中飘动的一股股的海藻，各有自己独特的速度和频率。陈西滢谈及徐志摩诗歌的音调时说：“音调方面也没有下研究工夫，因为他喜多用实字，双双的叠韵字，仄声的字；少用虚字，平实的字，他的诗的音调多近羯鼓、烧钹，很少是提琴、洞箫等抑扬缠绵的风趣。他的平民风格的诗，尤其是土白诗，音节就很悦耳，正因为在那些诗里，他不能不避去上面所说的毛病。”

徐志摩在诗歌的音节上下了大功夫花了大力气。他专注凝神，就像一位农人耕种田地时一样的辛苦。他听到了诗歌的呼吸，在变化中完美着他灵魂的节奏。他的诗歌随着情绪的变化而变化，愉快的，悲伤的情绪，同样产生不同的诗歌基调。就像一朵花，不会错过开放的季节，一株纯净的出水芙蓉，无须多余的装扮。

如在《沪杭车中》一诗中，徐志摩这样变化着音节：“匆匆匆！催催催！/一卷烟，一片山，几点云影，/一道水，一条桥，一支橹声，/一林松，一丛竹，红叶纷纷；/艳色的田野，艳色的秋景，/梦境似的分明，模糊，消隐，——催催催！/是车轮还是光阴？/催老了秋容，/催老了人生！”这样的节奏，打破了一种寂静，奕美传来，心灵的节奏，蓬勃着气韵的盎然。

又如《盖上几张油纸》则连用叠句，如坐在风雪孤坟旁妇人的哽咽。《庐山石工歌》用无数“浩唉”表出汉族耐劳苦爱和平的心声。

徐志摩的每一首诗里，音节变化无穷，有的紧张、急迫，有的闲适、舒畅，就像人的呼吸因情绪而变化，正像泰戈尔说的：“诗、绘画或音乐这些艺术的起点是呼吸，即人体内固有的节奏。”

徐志摩对新诗的这种探索和研究是值得称道的，他为新诗的发展拓展了一条平坦的道路，像新月一样的辉耀；他用生命去铺陈丽色，用诗歌去呼唤康泰，不懈地歌唱生命的华彩，昂扬灵魂的壮丽。

精神不朽

徐志摩是个理想主义者，他的一生都在追求爱、自由和美，尽管他注定失败，其精神却永恒！

其实，徐志摩完全可以做一柱香，默默地燃尽自己的一生，可他偏不，执拗地选择了烟花一样的人生，他追求那一瞬间的绚丽，飞蛾扑火般地去追寻和实验一个“梦想之神圣境界”。他的追求遇到了无尽的麻烦，牺牲了一切平凡安逸，梦想着自己的梦想，恰是这明月似的情衷使他饮尽所有浓烈的沉醉，独自朝着希望奔跑。

陶孟和说：“徐志摩是一个理想主义者，他的理想曾受了希腊主义的影响，求充分的完全的生命。他要生命中求得最丰富的经验……志摩不是哲学家寻求理智，他是一个艺术家，寻求情感的满足……他所爱的是人生的美丽。他的态度，可以说是哈代的对照。他咏哈代曾说：‘为什么放着甜不尝，暖和的座儿不坐，偏挑那阴凄的调儿唱，辣味儿辣得口破。’正因为他自己所寻求的都是阳光、暖和、甜蜜、美丽，一切人生的美。他永远设法避开人生的丑陋，正如小儿避开状貌狰狞的偶像一般。他不单是怕看丑陋或蠢笨，他直是不看，不加理会……他永远希望他所寻到的是神奇、新颖、奥妙、聪明、美丽，一切人生的宝贝，而不愿有与它们相反的出现；他更希望他所寻到的，永远保持着它们的神奇、新颖、奥妙、聪明、美丽，而不愿他们露出使他失望的破绽；即使露出，他也不看。幻灭是志摩所不能忍受的。”

的确，徐志摩是理想主义者，他从来没有忘记过，牵镨驰骋的憧憬，哪怕是披着鞑伐的风的凛冽，承担着世俗的闲话，也要在荆莽丛荒中，劈出一条属于自己的路，像虔诚的农夫用情和汗水点播爱的种子，在生命的土地上，迎着春寒，绽开一朵血红的慰藉。

徐志摩的每一首诗，都是用希翼轻拥着柔和明丽的梦。他用他的笔，写明月、星群、晴霞，山岭的高亢、流水的光华，写那朝雾里轻含闪亮珍珠的小花草，写那像古圣人祈祷凝成“冻乐”似的五老峰；写爱、写光明、写真美善；甚至对雪中哭子的妇人、垃圾桶边捡煤屑的穷人、深夜拉车过僻巷的老车夫、跟着钢丝轮讨钱的乞儿、沪杭车中的老妇、蠢笨污秽的兵士，都予以无限的同情。他寻求人生的美，除了安慰自己，还想借此改善人生。

徐志摩深情地说：“贫苦不是卑贱，老衰中有无限庄严。”可以想见徐志摩寻找人生的美的行动，就像阳光下鲜亮的音符，在雁过秋声中，默默开放朴素的花朵。

胡适对他的评价是："他的一生真是美的象征，爱，是他的宗教，他的上帝。"

无疑，徐志摩是热情的。其实世界上的任何事情，都需要热情去完成，热情是人类事业的原动力。

黑格尔说："世上从没有一桩大业的成功，不需热情。"

不能想象，倘若诗人没有热情，如何写出激情四溢的诗歌？

徐志摩的人格魅力，就是他那永不消失的热情，一往情深地伴着他前行。

翻开徐志摩诗歌集，抚摸着热得烫人的字句，那是他脚印幽远的旋律，诠释着他理想的光辉，天空那片云，随风移动情思，思念无限伸展。

徐志摩的诗集中，有许多爱情的诗歌，那是他渴望爱情最美的风姿，却有人批评它为"情欲的诗歌，具烂熟颓废的气息"。

究竟谁能理解诗人徐志摩祈求爱情的美好的情感？

诗人是寂寞的，寂寞地书写野花的欢放，体会美妙的爱情所带来的灵感，从心灵深处訇然涌来的诗句，如散落一地的霞光，欢乐正在舞蹈，达到精神上最圆满的境界。

苏雪林称赞徐志摩永远像春光和火焰，爱情永远是一团燃烧似的热。他燃烧自己使诗歌发出金色的光，似燃烧着中国人的心，从冰冷转到温暖，如一阵和风，一片阳光，溶解北极高峰的冰雪。但是可怜的是最后他却燃烧了他自己的形体，如他所说的那样像一只夜蝶飞出天外，在星的烈焰里变成了灰。

徐志摩的诗歌唯美也豪放，源于他心胸的博大。中国历来有文人相轻之现象，新文学界的谩骂之风始终伴随着文学界，徐志摩置身于其中却不受传染。他同情被骂者，即使自己受人无理谩骂，也不肯同骂。他的人格魅力，在朋友中一直受到称赞。林徽因在他遇难后说："我们丢掉的不止是一个朋友，一个诗人，我们丢掉的是个极难得的可爱的人格。"陶孟和说："'济南号'的出险，结束了一个美丽的可爱的灵魂，但我们觉得我们生命上发现了不可弥补的真空，而这卑污世界中消失了一个高贵的人格。"郑振铎也说道："我不仅为友情而悼我失去一位最恳挚的朋友，也为这个当前大时代而悼它失去了一个心胸最广而最有希望的诗人。"

徐志摩是诗歌天才，在中国新诗的滥觞期，是应该被记住的。

其文其人

风掠过身体，指尖是凉的，脚趾是冰的，风吹是最好的洗礼；风吹是对灵魂的鞭笞。

那么如何评价徐志摩？当他隐进苍茫，时光的纹理清晰如昨，那条生命线的尽头，舞动着走不出的怀旧节拍。

徐志摩生前是一位颇受争议的诗人，他的思想的驳杂以及个性的凸现，很容易引起不同的评价。

茅盾在《徐志摩论》说："志摩是中国布尔乔亚'开山'的同时，又是'末代'的诗人……圆熟的外形，配着淡到几乎没有的内容，而且这淡极了的内容，也不外乎感伤的情绪，——轻烟似的微哀，神秘的、象征的依恋感喟追求，这些都是发展到最后一阶段的、现代布尔乔亚诗人的特色。"

朱自清在《中国新文学大系诗集·导言》中说："他没有闻（一多）氏那样精密，但也没有他那样冷静。他是跳着溅着不舍昼夜的一道生命水。”

徐志摩是性情中人，对于什么事情接受得快，也似流水一样波动。诗人的特质，也许就是火热，激情四溢，没有这样的激情恐怕也写不出来激动人心的诗歌。

林徽因这样评价他：“诗人徐志摩的心情是洁净的，头老抬得那么高，胸中老是那么完整的诚挚，臂上老有那么许多不折不挠的勇气。徐志摩一生为着一个愚诚的倾向，把所感受到的复杂的情绪尝味到的生活，放到自己的理想和信仰的锅炉里烧炼成几句悠扬铿锵的语言，来满足他自己本能的艺术的冲动，为着这情感而发生的冲动更是非实际的——或不全是实际的——追求。”

徐志摩在《落叶》中这样说自己的性格：“我的心灵的活动是冲动性的，简直可以说痉挛性的。”

不过也正是这种性格，让他拥有了众多的朋友。陈从周在《记徐志摩》中说：“志摩的国际学术交往也是频繁的。他被选为英国诗社社员，‘笔会’中国分会理事，印度老诗人泰戈尔与他最是忘年之交，还与英国哈代、赖斯基、威尔斯，法国罗曼·罗兰等等，都有交往。”陆小曼在《泰戈尔在我家作客》中回忆道：“志摩是个对朋友最热情的人，所以他的朋友很多，我家是常常座上客满的，连外国朋友都跟他亲善，如英国的哈代、狄更生、迦耐脱。”

在上个世纪二十年代初，中国还很封闭，中国与世界文化的隔膜由来已久，由于国情、语言等的差异，中国知识分子在世界性的交往中，显得孤独而落寞。徐志摩和外国友人的交往活动，打开了中国知识分子走向的世界大门，尤其是他与外国友人的交往，以充分的认同又不忘借“他山之石以攻玉”的少之又少，在促进东西方的交流上作出的贡献无人能比。

徐志摩担任《晨报副刊》编辑后，开辟了《诗镌》专栏，那是他宣扬新诗理论的阵地。他鲜明地提出自己的艺术主张，带领新月派对“新诗三美”进行艺术实践，有力的反拨了早期新诗的散漫倾向。

他自己是新月派理论的最忠实的实践者。

朱自清曾在《中国新文学大系·诗集·导言》中说，他努力于“体制的输入与试验”，而且“他尝试的体制最多”。

徐志摩带领新月派的锐意“创格”，使得新诗开始成熟地转向对新诗诗艺的探求。他像一股新鲜的风，吹得新诗繁花似锦。

受到新月派诗人尤其是徐志摩的启发和影响，诗人们开始把情感的反复吟咏当作了一种诗歌的创作追求。

陈梦家在《新月诗选·序言》中说的“主张本质的醇正、技巧的周密和格律的严谨”，就是新月派探求的理论概括。

纵观徐志摩的诗歌，几乎每一首都把活泼的情绪纳入一个严谨的结构框架，让有变化的复沓来的诗句，获得音乐美节奏美的效果。如《为要寻一颗明星》《苏苏》《再不见雷峰》《半夜深巷琵琶》等，把爱升华到精神的深处，仿佛魂魄执霞牧云，漫天江南烟雨中，滴落诗句的馥郁花香。再如他的《为要寻一颗明星》，诗歌的格式是单纯的，诗句也是单纯的，但却有丰富的节律变化；有意追求的复沓，大部分相同中微小的变异，造出既繁富又单纯的综合美感。

卞之琳在《徐志摩诗重读志感》中说：“尽管徐志摩在身体上、思想上、感情上好动不好静，海内外奔波‘云游’，但是一落到英国的十九世纪浪漫派诗境，他的思想感情发而为诗，就从没有能超出这个笼子。……尽管听说徐志摩也译过美国民主诗人惠特曼的自由体诗，也译过法国象征派先驱波德莱的《死尸》，尽管他还对年轻人讲过未来派，他的诗思、诗艺几乎没有越出过十九世纪英国浪漫派雷池一步。”

为徐志摩赢得最大声誉的诗歌，是他的爱情诗。

那是他飞旋的激情，撩开的玫瑰色的收获，在刺叶淌血的季节，握住最后的光羽。

艾青在《中国新诗六十年》中说，徐志摩“擅长的是爱情诗”，“他在女性面前显得特别饶舌”。朱自清在《中国新文学大系·诗集·导言》中指出：“他的情诗，为爱情而咏爱情，不一定是现实生活的表现，只是想象着自己保举自己作情人，如西方诗家一样。”

其实，徐志摩的爱情诗，是抒发单纯信仰的。就像山林中一枚鲜亮的绿叶，一束燃烧的火焰，点燃读者的热烈追求和向往，照亮人生孤旅与生命的苍穹。正如茅盾在《徐志摩论》中所说的：“我以为志摩的许多披着恋爱外衣的诗，不能够把来当作单纯的情诗看的；透过那恋爱的外衣，有他的那个对于人生的单纯信仰。”

胡适在《追忆志摩》中也说：“这个现实世界太复杂了，他的单纯的信仰禁不起这个现实世界的摧毁……”

当他单纯的信仰和理想四处碰撞，一触即毁灭。他的吟唱，仍然是乐观的调子，破空而来的声音，抵达了他孤寂的灵魂。

陈梦家在《新月诗选·序言》中说：“他的诗，永远是愉快的空气，不曾有一些儿伤感或颓废的调子，他的眼泪也闪耀着欢喜的圆光。这自我解放与空灵的飘忽，安放在他柔丽清爽的诗句中，给人总是那舒快的感悟。好象一只聪明玲珑的鸟，是欢喜，是怨，她唱的皆是美妙的歌。”

朱自清在《新中国文学大系·诗集·导言》中也说：“他是跳着溅着不舍昼夜的一道生命水……他让你觉着世上一切都是活泼的、鲜明的。”陈西滢评“他的诗，所谓不是平常的欧化，按说就是这个。又说他的诗的音调多近羯鼓饶钹，很少提琴洞箫等抑扬缠绵的风趣，那正是他老在跳着溅着的缘故。”

尽管他的人生之路充满了坎坷，理想的追寻并不如意，生命的欢乐却永远是徐志摩诗歌的主题，他对生活的理想的执着与自信，让他陷入无限的遐想和痴迷，就像一道彩虹，横跨梦与现实。

虽然，他有时候不知道风在哪个方向吹，他却执着地骑着一匹拐腿的瞎马向着黑夜里加鞭，幻想那颗明星的照耀。陈梦家说徐志摩的诗是“柔美流丽”的，即使痛苦和死亡的吟诵，也充满了浪漫色彩。可作为激情四溢的诗人，他有时又是颓唐和消极的，理想破灭时他便会有一种无可言状的悲哀和绝望。茅盾在《徐志摩论》中说：“一旦人生的转变出乎他意料之外，而且超过了他期待的耐心，于是他的曾经有过的单纯信仰发生动摇，于是他流入于怀疑的颓废了。”

这应该是对于人性最恰当的表达。

除了诗歌，徐志摩的散文成就也很突出。

林语堂在《新丰折臂翁·跋》中说：“志摩，情才，亦一奇才也，以诗著，更以散文著，吾于白话诗念不下去，独于志摩诗念得下去。其散文尤奇，运句措辞，得力于传奇，而参西洋语句，了无痕迹。”

徐志摩一生出版了三本散文集：《落叶》《巴黎的鳞爪》和《自剖文集》，此外还有《志摩日记》《志摩书信》《眉轩琐语》《西湖记》《泰戈尔来华》等。

梁实秋在《谈志摩的散文》中说："他的文章是跑野马；但是跑得好。志摩的文章本来用不着题目，随他写去，永远有风趣。严格地讲，文章里多生枝节原不是好处，但有时那枝节本身来得妙，读者便会全神贯注在那枝节上，不回到本题上也不要紧，志摩的散文几乎全是小品文的性质，不比是说理的论文，所以他的跑野马的文笔不但不算毛病，转觉得可爱了。"他说徐志摩散文的妙处，一是"永远保持着一个亲热的态度"；二是"他写起文章来任性"；三是"他的文章永远是用心写的"。杨振声在《与志摩最后的一别》一文里，这样评价徐志摩的散文："他那'跑野马'的散文，自己老早就认为比他的诗还好。那用字，有多生动活泼！那颜色真是'浓得化不开'！那联想的富丽，那生趣的充溢！尤其是他那态度与口吻，有多轻清，多顽皮，多伶俐！而那气力也真足，文章里永看不出懈怠，老那样像云的层涌，春泉的潺溪！他的文章确有它独创的风格，在散文里不能不让他占一席地。"

恐怕世人都知道徐志摩是诗人，很少有人知道他还是散文家，不知道他握着笔，思绪却在跑野马，那"浓得化不开"的散文，总体特征和结构特征，早已放射着思想的光芒。那是诗人心灵低沉的波荡，心灵的慰藉和命运的放逐。

谁能说这不是散文史上的奇迹？

也许，徐志摩的一生是短暂的，但他的诗文在大浪淘沙的历史之河中却是永恒的。

当那些鲜明亮烈的日子，一点点地成为旧事，不再回归，留给人们的，便只有怀念了。

胡适在《追悼志摩》中说，志摩走后，他们的世界里被他带走了不少云彩。他在朋友之中是一片最可爱的云彩，永远是温暖的颜色，永远是美的花样，永远是可爱。因为他的为人整个是一团同情心，只是一团爱。

叶公超说："他对于任何人，任何事，从未有过绝对的怨恨，甚至于无意中都没有表示过一些嫉妒的神气。"

陈西滢也说："尤其朋友里缺不了他。他是我们的'连索'，他是粘着性的，发酵性的。在这七八年中，国内文艺界里起了不少的风波，吵了不少的架，许多很熟的朋友往往弄的不能见面。但我没有听见有人怨恨过志摩。谁也不能抵抗志摩的同情心，谁也不能避开他的粘着性。他才是和事的无穷的同情，他总是朋友中间的'连索'。他从没有疑心，他从不会妒忌。使这些多疑善妒的人们十分惭愧，又十分羡慕。"

徐志摩娶了陆小曼，他天真地认为，他找到了灵魂之伴侣，他对陆小曼的爱真诚如一，他不是花花公子。为了让陆小曼改掉生活恶习，他在云游欧美期间，给她写了一百多封信，船上写、车上写，苦口婆心，情深意长。却不知道人性的复杂和社会的丑恶，是不能按照他的意愿为转移的。徐志摩在一首题为《生活》的诗中，表达了自己最后的几年生活得非常失败。

那不是他个人的失败，那是一个单纯的理想主义者的失败！

他对理想主义的追求使他的朋友们感到惭愧。胡适说："那是他们的信心太小了，从不敢梦想他的梦想。在这诺大的世界中，只有徐志摩有这信心，冒险去追求，经历了许多波折，牺牲了一切平凡的安逸，牺牲了家庭的荣誉和人间的名誉去追求、去试验一个梦想的神圣境界，但他终不免失败的命运。……他的失败是因为他的信仰太单纯了，而这个世界太复杂了。然而，徐志摩在这恐怖的压迫下，从不叫一声投降。胡适认为他从不曾完全绝望，他从不曾绝对地怨恨谁。……他看他替朋友们做事，替团体做事，他总是依旧那么热心和高兴。”

一个人的内心，竟然如此的辽阔！胡适是徐志摩最好的朋友，或许只有他最了解徐志摩。

徐志摩对理想的追寻，有着山穷水尽的咏叹和倔强，却也沿着大地的阶梯，起伏，闪烁。

他的那颗坚毅的心，以风声，以水响，爱着人世苦寒的路途，爱着不疾不徐的风雨山川，爱着内心理想的邂逅和相爱。他沉静的目光，像清晨日出，瞬间点亮了世界。

在他生命中的最后的一年，他多么希望那是他真正复活的机会。

“他临走前的几年本想用心血浇灌的花树也许是枯萎了，但他的同情、鼓舞，早又在别的园地里种出了无数的可爱的小花，开出了无数可爱的鲜花。他自己的歌唱曾在一个时期里是消沉了，但他的歌声引起了园地外无数的歌喉，嘹亮的歌，哀怨的歌，美丽的歌。这些都是他的安慰，都使他高兴。然而，谁也没有想到在这个最有希望复活的时代，他丢下众人，独自云游去了。”胡适解释道。

“我是天空一片云。”飘荡，燃烧，带来了雨和雪的歌声。

千树繁华，热烈飘香。

正如胡适说的这样，徐志摩这样可爱的人，像一片春光、一团火焰、一腔热情，他投射的影子永远留在他的朋友们的心中，他放出的光亮永远留在人间。

徐志摩在白日的火焰里，采摘理想的果实，升腾心灵的温暖，奔流灵魂的河流，浇灌生命的喜悦。

其文其人，娇艳馨香。

太阳的牧歌穿透了明亮的哨音，摇响火热的情歌。